(公財)日本ラグビーフットボール協会・監修

公式BOOK
だれでもできる タグラグビー

編著 **鈴木秀人** 東京学芸大学教授

小学館

監修 ■ (公財)日本ラグビーフットボール協会　普及競技力向上委員会
　　　〔http://tagrugby-japan.jp/〕
　　委員長　　　　　　武田守久
　　タグラグビー部門長　菊地公明
　　学校指導部門長　　　鈴木秀人
　　総務部門長　　　　　飯原雅和
　●関東協会〔http://www.rugby.or.jp/〕
　　理　事　長：水谷　眞
　　エリア担当：黒崎祐一
　●関西協会〔http://www.rugby-kansai.or.jp/〕
　　理　事　長：田仲功一
　　エリア担当：長手信行
　●九州協会〔http://www1.i-kyushu.or.jp/krfu/〕
　　理　事　長：牛尾知行
　　エリア担当：三原一樹

編著 ■ 鈴木秀人
執筆 ■ 佐藤善人　4章-1「授業作りのポイント」p.50-51
　　　　　　　　 4章-2「中学年での実践例」p.70-77
　　　　　　　　 コラム①～⑦
　　　松元優彦　4章-2「低学年での実践例」p.52-58
　　　樺山洋一　4章-2「低学年での実践例」p.59-67
　　　志賀克哉　4章-2「高学年での実践例」p.80-88
　　　大庭紀之　4章-2「高学年での実践例」p.89-97
　　　三原一樹　4章-3「準備運動や授業で使えるタグやラグビーボールを使った運動遊びの例」p.102-111
　　　笠松具晃　5章-2「大会へ向けた練習方法」p.132-137
　　　森　健　　5章-3「タグラグビー大会でのレフリングの注意点」p.140-143
　　　斎藤拓也　5章-3「レフリー体験記」p.144-145

ロゴマークシステムデザイン　■ オフィスピーチ
マスコットデザイン　　　　　■ 梁　英次

装　丁　　　　　　　　　　　■ 清水　肇［プリグラフィックス］

はじめに

　今からもう13年も前の1996年のことです。イギリスのマンチェスター大学に留学していた私は、多くの学校を積極的に訪問し、スポーツ発祥の国イギリスの体育授業やスポーツ活動の状況を見て回っていました。

　そんなある日、たまたまマンチェスター近郊の小学校で、子どもたちが「タグラグビー」をプレーしている場面を見かけたのです。それまで、「タグラグビー」という種目があるということは耳にしていたのですが、実際の様子を見たのはそのときが初めてでした。そして、子どもたちが楕円球を抱えて元気よく走り回る姿を見た私は、これは日本の子どもたちに教える運動としてとてもいいな…と思ったのです。

　私は学生時代にラグビーをしており、その後、体育の授業づくりの研究をするようになったのですが、自分が昔やっていたからといって、ラグビーを小学校の体育授業で教える運動として考えたことはありませんでした。言うまでもなく、タックルのような身体のぶつかり合いがあるという点で、ラグビーは小学生の子どもたちが体育で学ぶ運動として向いていませんし、その他の課外活動などでも難しいだろうことがよくわかっていたからです。

　けれども、私の目の前で展開されたタグラグビーは、ぶつかり合いが完全に排除されたゲームになっていました。しかもそれは、身体と身体のぶつかり合いという面が取り除かれていただけでなく、ラグビーの大きな特徴である、ボールを持ったまま走れるという「ゲーム参加の入り口となるプレーのやさしさ」、広いゴールゾーンのどこでも走り込んでボールを置けばよいという「得点の仕方のやさしさ」はそのまま残されていて、私はこの点に、まず小学校の体育で教える運動としての大きな可能性を感じたのです。

　帰国した私は、さっそく小学校の先生方とこのゲームを体育の授業で

教える方法について研究を始めました。具体的にいろいろな角度から検討してみると、このタグラグビーという種目は、イギリスで私が見たときに思った通り、小学生に教える運動として恰好の種目であることがわかってきました。とくに、運動が苦手な子どもが増えていると言われる現在、そのような苦手な子どもも活躍できる可能性にあふれているという点は、体育の授業はもちろんのこと、それ以外のさまざまな場面で子どもたちに経験してもらう運動としても、タグラグビーの持つ最大の魅力であると考えます。

　その後、これらの研究成果を体育関係の雑誌に発表している内に、このゲームを最初に日本に持ち帰った勝田隆氏をはじめ、すでにタグラグビーの紹介に取り組んでいた日本ラグビーフットボール協会の方々と知り合うこととなり、2003年からは私もその一員に加えていただきながら、今日まで、タグラグビーの研究と小学校の子どもたちに教える運動としてのさらなる普及に努めてきました。

　そのような積み重ねもあってか、2008年に改訂された小学校学習指導要領の解説体育編において、タグラグビーは小学校で教えるボールゲームの一つとして例示されるに至りました。従って、今後はますますこのゲームを学校の授業で教わる小学生が増えることが予想されます。

　このような状況を踏まえると、この辺で、小学校の先生や小学生のお子さんを持つお父さんお母さん方、またいろいろな機会に子どもたちにスポーツを教えてくださっている指導者の方々を対象に、タグラグビーについての手引き的な本をまとめてみることも意味があるように思われます。

　執筆は、これまで私と共同でタグラグビーの実践研究を進めてこられた諸先生方と、小学校の先生として日々実践に当たりつつラグビー協会

のスタッフとしても活躍されてきた方々にお願いしましたが、とくに、小学校の教育現場での豊富な実践経験をお持ちになるとともに、現在は大学でタグラグビーの研究を継続しておられる佐藤善人先生には、この本の企画の段階から多くの面にわたって関わっていただきました。

　内容については、小学校の体育授業で教えることにひとつの焦点を当てて構成しましたが、第3章で紹介する基本的なルールと発展的なルール、第4章の実践例に見られる具体的な指導の工夫や資料として紹介される遊びの例、攻め方と守り方の例、学習カード等々は、授業以外でタグラグビーを教える際にも役立ててもらえる情報でいっぱいです。さらに第5章では、大会へ挑戦してみようという皆さんに学んでいただきたい内容も用意しました。各所に示したコラムでは、タグラグビーを分析したおもしろい研究結果が明らかにされていますし、巻末にはタグラグビーに関する参考文献と資料も載せておきましたので、今後、このゲームについて研究してみようという学生諸君にも参考になると思います。

　このように、少々欲張った内容になってしまいましたが、本書が、これからタグラグビーを勉強してみようという全国の先生方やタグラグビーについて知りたいというその他多くの皆さんのお役に少しでも立てば嬉しいかぎりです。そして、この本を読んでくださった皆さんからタグラグビーを教わった全国の子どもたちが、タグラグビーでの活躍をひとつのきっかけにして、スポーツが大好きな子どもたちに育っていってくれることを、何よりも期待してやみません。

2009年盛夏　　　　　　　　　　　　　　　編者　鈴木秀人

日本ラグビーフットボール協会からの メッセージ

　「最近の子は体力がない、運動能力が低い」とよく言われます。そして、「最近の子どもは外で遊ばない、運動をしない」ということがその理由として挙げられます。しかし、子どもたちがみんな、運動をして遊ばなくなったわけではなくて、昔とかわらずに積極的に身体を動かす遊びをしている子はたくさんいます。その一方で、運動をまったくしない子、運動が嫌いな子、運動が苦手な子も増えているのが現実です。

　また、運動を積極的にしている子も、小さいころから特定のスポーツ種目ばかりをする傾向が目立つようになりました。子どものころは、ある種目ばかりをおこなうのではなくて、さまざまな運動の経験がその後の運動との関わりを豊かにしていく上で重要であることは、すでに多くの専門家が指摘しているところです。

　こういった状況の中、小学校の先生たちは運動が苦手な子も楽しめるように、また特定の種目ばかりをやっている子には他の運動の楽しさも教えたいと頑張っておられることを日本ラグビーフットボール協会は知っています。そして、そこでは運動経験をめぐる「二極化」がますます進む中で、運動が苦手な子と得意な子の間に見られる、いかんともしがたい個人差や男女差があって先生たちがご苦労されていることも知っています。

日本ラグビーフットボール協会は、そんな苦労している小学校の先生方をお手伝いし、運動が苦手な子どもたちにも運動する楽しさを知ってもらうために立ち上がりました。それは、運動が苦手な子も得意な子も活躍できて、得点できて、男の子も女の子も力を合わせて頑張れる「タグラグビー」というボールゲームを、全国の小学校に紹介する活動を通して進めています。

　タグラグビーには、どの子も活躍できるという運動としての特徴だけでなく、イギリスで生まれ、古くから人格を形成するスポーツとして継承されてきたラグビーフットボールの中に脈々と流れる大切な精神もしっかりと受け継がれています。それは、「On Side の精神＝反則をしない」「No Side の精神＝戦い終わったら敵味方なし」「For the Side の精神＝チームのために」というスリーサイドの精神と、プレー中に常に求められる「3つのF＝Fight（闘志）、Friendship（友情）、Fair Play（公正）」です。

　そんなタグラグビーの世界へようこそ。さあ、子どもたちに運動することの楽しさを、タグラグビーを通して一緒に伝えていこうではありませんか。

　　　　　　　　　　　公益財団法人　日本ラグビーフットボール協会

目　次

はじめに ………………………………………………………………………… 3
日本ラグビーフットボール協会からのメッセージ …………………………… 6

第1章　注目されているタグラグビー
1　「タグラグビー」ってなに？ ……………………………………………… 12
2　現在の子どもたちにとって「タグラグビー」が持つ意味 …………… 14

第2章　体育の授業でおこなう運動としての「タグラグビー」
1　小学校のボールゲームの授業をめぐる問題と
　　「タグラグビー」 ………………………………………………………… 20
2　ボールゲームの分類論からの検討 ……………………………………… 22
3　いま小学校で求められる
　　ボールゲームとしての「タグラグビー」の魅力 …………………… 25
4　新しい学習指導要領と「タグラグビー」 ……………………………… 29

第3章　タグラグビーのルール
1　はじめてタグラグビーをプレーするときの
　　基本的なルール ………………………………………………………… 34
2　もっとタグラグビーをおもしろくする
　　発展的なルール ………………………………………………………… 41
3　体育授業におけるルールの工夫で注意すること ……………………… 45

第4章　タグラグビーの授業づくり
1　授業づくりのポイント …………………………………………………… 50
2　授業実践例
　　①低学年での実践例
　　　タグラグビーへのつながりを意識した1年生の授業 ……………… 52
　　　タグラグビーへのつながりを意識した2年生の授業 ……………… 59

②中学年での実践例
　　　　はじめてタグラグビーを学習する３年生の授業 …………………… 70
　　③高学年での実践例
　　　　はじめてタグラグビーを学習する６年生の授業 …………………… 80
　　　　中学年でタグラグビーを学習した６年生の授業 …………………… 89
　3　授業づくりに役立つ資料集
　　①用具 …………………………………………………………………………… 100
　　②準備運動や授業で使えるタグや
　　　　ラグビーボールを使った運動遊びの例 ……………………………… 102
　　③攻め方と守り方の例 ……………………………………………………… 114
　　④学習カードとタグラグビーを取り入れた年間指導計画の例 ……… 116
　4　授業づくりに関するＱ＆Ａ ……………………………………………… 124

第 5 章　タグラグビーの大会へ挑戦

　1　大会へ出ることの意味 …………………………………………………… 130
　2　大会へ向けた練習方法 …………………………………………………… 132
　3　レフリーをやってみよう
　　①タグラグビー大会でのレフリングの注意点 ………………………… 140
　　②レフリー体験記 …………………………………………………………… 144
　4　全国大会のルール ………………………………………………………… 146

あとがき ……………………………………………………………………………… 152
付録　図書室～さらにタグラグビーを理解するために～ ……………… 156

コラム　　「タグラグビー研究室へようこそ」……………………………

　　①誰でもボールを手にできる ……………………………………………… 68
　　②ボールを持ったら走るだけ ……………………………………………… 78
　　③スローフォワードは難しくない ………………………………………… 98
　　④みんながトライできる …………………………………………………… 112
　　⑤パスをつないで作戦成功 ………………………………………………… 122
　　⑥苦手な子だって走る走る！ ……………………………………………… 138
　　⑦女の子だって負けないぞ ………………………………………………… 154

本文デザイン&DTP
株式会社ユニオンプラン

本文イラスト
西岡りき

コーディネート
株式会社 Sente Communications
NPO法人スポーツセーフティージャパン

写真撮影（P100,101）
三輪憲亮

印刷
菱山英之 ［三晃印刷］

協力
山田継方
熊木陽一郎
香川あかね

[小学館]
制作企画 ● 苅谷直子
制　　作 ● 西手成人
資　　材 ● 池田　靖
販　　売 ● 小松　慎
宣　　伝 ● 宮村政伸

広　　報 ● 坂本　隆
企画協力 ● 宮木立雄
　　　　　石塚大輔
編　　集 ● 彦坂　淳

第1章

注目されている タグラグビー

1 「タグラグビー」ってなに？
2 現在の子どもたちにとって
　「タグラグビー」が持つ意味

1章
1 「タグラグビー」ってなに？

タグラグビーは、1990年代のはじめにイギリスのデボン州で考え出されたまったく新しい形のラグビーゲームです。通常15人でおこなわれているラグビーの大きな特徴は、タックルに代表される激しい身体接触にありますが、タグラグビーではそれらの身体接触を一切排除しているため、誰でも安全に楽しむことができるボールゲームとなっています。

タグラグビーをおこなうプレーヤーは、まず腰にベルトをまきます。ベルトの左右には面ファスナー（ワンタッチテープ）がついていて、そこに2本の帯状のタグ（リボン）をつけます。ボールは、ラグビーと同じ楕円球を使用します。

タグラグビーでは、攻めるプレーヤーはボールを抱えて走ったり、前には投げられないパスを使って横や後ろにいる味方にボールを渡したりしながら前進をはかり、相手のゴールラインを越えたところにボールを置けばトライで得点（1点）となります。

ボールを持って走っていても、守るプレーヤーに左右どちらかのタグをとられたら、すぐに走るのをやめてボールをパスしなければなりません。つまり守るプレーヤーは、ボールを抱えて走って攻めてくる相手をタックルして止める代わりに、タグをとることで前進をストップさせるというわけです。

タグをとったプレーヤーはとった

タグを手渡しで返すまで、タグをとられたプレーヤーはとられたタグを受け取って腰につけるまで、一時的にゲームには参加できません。その間に、ゲームは残りのプレーヤーによって続けられ、こういった攻防を繰り返しながら、小学生でもランニングとパスによるスピーディーなゲームが展開されていきます。

　日本では、イギリスに留学したラグビー関係者が1996年に用具やガイドブックを持ち帰ったことで知られるようになり、当初は、ラグビーの導入的なゲームとして用いられていましたが、その後、体育の授業で教えるボールゲームとして注目されるようになり、2008年改訂の小学校学習指導要領・解説体育編では、ボールゲームの1つとして例示され、2017年の改訂では学習指導要領の本文に記載されるようになりました。

1章 ② 現在の子どもたちにとって「タグラグビー」が持つ意味

2008年改訂の学習指導要領では、小学校の1年生から4年生まで体育の授業時間数が増やされたことも大きな改訂点の1つです。これは、さまざまなデータが教えている子どもたちの体力や運動能力が低下している状況への国家的な対応と言うことができるでしょう。

学校の先生たちも、保護者も、そしてすべての大人たちが、子どもたちはみんな健康であってほしい、元気であってほしい、逞(たくま)しくあってほしいと願っていると思います。今回の改訂で体育の授業時間数が増やされたことは、こういった社会全体の願いの具体化とも言えるわけです。

現在の子どもたちの体力や運動能力が低下していることには、外遊びの時間がかつてに比べて大きく減っていることと、遊びの内容もコンピューターゲームのような動かない遊びに変わっていることが深く関わっていることは間違いありません。このことからも、子どもたちの体力や運動能力の状況を改善していくためには、大きく身体を動かす運動遊びをたくさんすることがよいのは明らかです。しかしながら、現実は、ただ運動をさせれば状況は改善されていく…というような単純なことには、なっていないようなのです。

このことと関連して、全国の幼稚園児を対象におこなわれた興味深い調査結果（杉原・森・吉田, 2004:pp.15-17）が2004年に発表されています。これによると、すでに幼稚園児の段階で運動能力の高い子とそうでない子が存在し、その違いは、幼稚園や家庭における運動経験に関わるさまざまな要因から生じていることが明らかにされています。そしてその中には、外遊びを好む子どものほうが室内遊びを好む子どもよりも運動能力が高いといった、因果関係が極めて理解しやすいデータも数多く示されている一方

で、保育の一環として運動指導を4日以上おこなっている幼稚園、3日以下の幼稚園、まったくおこなっていない幼稚園の三者を比べると、一番運動能力が高いのは運動指導をおこなっていない幼稚園であり、一番運動能力が低いのは何と4日以上おこなっている幼稚園であるという、図1に示した衝撃的なデータも報告されています。

この結果についてはいろいろな視点から考察が可能なのですが、少なくとも、大人がよかれと思って提供している運動経験が、子どもには期待した結果をもたらさないばかりか、むしろ逆効果のようなことにさえなっていたという事実から、私たちは、子どもにとって運動をするということは、ただ運動をさせさえすれば自動的によい結果がもたらされる、という単純なものではないということを真摯に学ぶべきだと思います。

たとえば、幼稚園児でも小学生でも、その発達段階から考えると難しい運動の課題を与えればその説明には時間が必要となり、子どもたちはそれを聞いている間は身体を動かしませんし、いざやってみてもなかなかできなければ運動量も多くはなりません。また、失敗が繰り返されば、「どうせやってもダメなんだ」という気持ちになって、運動へ向かう意欲も次第に萎えてきます。大人になってから定期的に運動をしていない人は、人生の早い段階で楽しくない運動経験をしている場合が多いということは、すでにこれまでに指摘されてきましたが、幼稚園や小学

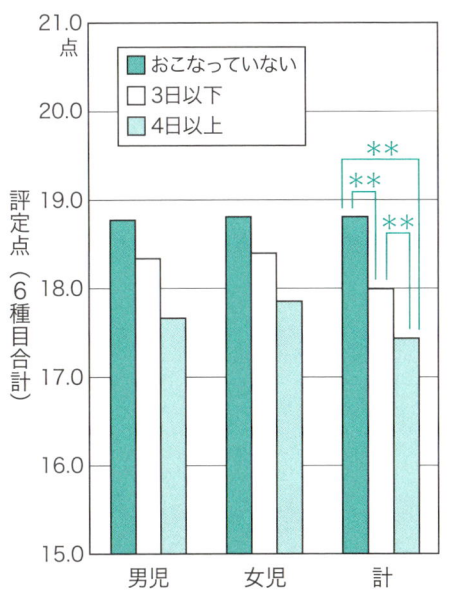

＊は、それぞれ数値の間に有意な差があることを示す。

図1　保育の一環としておこなっている運動の日数と運動能力の違い
（杉原ほか、2004：p.17）

校時代の運動経験は、その後の人生におけるその人の運動への関わりをある方向に規定してしまうほど重いということにも注意が必要です。

こういったことを踏まえると、私たち大人が、健康であれ、元気であれ、逞しくあれ、と子どもたちに願うとき、そこで大人が導いてあげる運動の重要な性格が改めて確認されることでしょう。

それは、それぞれの子どもたちがおもしろくて楽しくて夢中になって熱中できるいろいろな運動を教えてあげることです。幼稚園や小学校低学年の子どもたちが鬼遊び（鬼ごっこ）を大好きなのは、それがその時期の子どもたちにとって、おもしろくてたまらない、まさに「遊び」だからであり、ボールを使った運動をするにしても、サッカーやバスケットボールをさせられるよりも、もっと単純なボールとの関わりがたっぷり保障された「遊び」が、そのころの子どもたちが夢中になって熱中できる運動経験になるのです。

タグラグビーには、そんな子どもたちの大好きな「遊び」の要素が、ボールを抱えて逃げる、それを追いかける、しっぽ（タグ）をとってつかまえる…といった形でたくさん含まれています。しかもそれらの要素はどれも、ただ走るだけというどの子もできるやさしい運動によっておこなえるので、運動が苦手な子どもが増えている現在、大きな意味を持つわけです。また、もともとのラグビーにある身体接触は上手に排除されていますから、男の子と女の子が一緒に、あるいは子どもたちと先生や保護者が一緒に楽しめるということも、小学校で教わるボールゲームとしてのよさと言えるでしょう。そのようなよさが全国の小学校で認められつつあることが、2008年の学習指導要領の改訂にあたってタグラグビーが解説に取り上げられた背景にあるわけです。

以前の子どもたちには、異なる年齢で構成された集団で日々おこなわれていた空き地での外遊びに象徴されるように、運動そのものを楽しむ場が身の回りにはあふれるほどありました。

それらの遊びが子どもたちの日常

生活から消滅してしまったことによって、かつては遊びの中で結果的に保障されていた子どもたちのさまざまな面での発達が失われてしまったという指摘はよく耳にする通りです。そんなときによく言われるのは、体力や運動能力、社会性、そして知的な面での発達などが、遊ばなくなったことによって犠牲になったというものです。確かに、遊びには子どもの多様な面での発達を促す機能がありますから、その消滅が子どもたちの発達に対して大きなダメージを与えたことは間違いないと思います。けれども、こういった問題意識の背後には、子どもの遊びをそういった発達に対する効用性からしか見ることができない、大人の考え方が見え隠れしていないでしょうか。

昔の子どもたちは、体力や運動能力を発達させようとして遊んでいたわけではありません。ただただ遊びがおもしろいから遊んでいたのであり、その結果として多様な発達がもたらされたということはきちんと押さえておく必要があります。タグラグビーやそれに発展していく鬼遊びには、子どもたちが夢中になって熱

中する遊びの要素がいっぱいです。それを、子どもたちにどうやって伝えていくか、それを小学校で現実化していくための手がかりを探りながら進められるタグラグビーの研究は、それぞれの学校の子どもたちの運動をめぐる生活を再検討し、いまより一歩でも二歩でもそれを豊かなものにしていく出発点になるようにも思われるのです。

第2章

体育の授業でおこなう運動としての「タグラグビー」

1 小学校のボールゲームの授業をめぐる問題と「タグラグビー」
2 ボールゲームの分類論からの検討
3 いま小学校で求められるボールゲームとしての「タグラグビー」の魅力
4 新しい学習指導要領と「タグラグビー」

2章 ① 小学校のボールゲームの授業をめぐる問題と「タグラグビー」

　これまで述べてきたように、現在タグラグビーは全国の小学校で関心を持たれるボールゲームとなりましたが、こういった動向は、ボールゲームの授業をめぐって小学校の先生方を日々悩ませている問題への対応と関係しています。

　小学校では、低学年のドッジボールをはじめとして、中学年でおこなうポートボールやラインサッカーやハンドベースボール、高学年でおこなうバスケットボールやサッカーやソフトボール、また近年ではソフトバレーボールなども加えられ、さまざまなボールゲームが体育の授業で教えられてきました。そして、これらのボールゲームは他の運動種目と比較すると一般的に多くの子どもたちが好む傾向にあるので、授業では、一見するとクラス全体が嬉々としてやっているように見えます。けれども、よく注意して観察してみれば、ボールにほとんど触ることができない子、みんなから離れてぽつんと立っているだけの子、ましてや、得点する経験など持ちようもない子がどのクラスにも必ずいるのが悲しい現実です。

　子どもたちの運動能力・体力の低下を背景に、運動が苦手な子は確実に増えているわけですから、これまで小学校で教えられてきたボールゲームではなかなかゲームに参加できないという子どもたちは、今後もますます増えていくと考えられます。しかもこの問題をより深刻なものにしているのは、クラスの中に運動が苦手な子が増加しているだけではなく、サッカーやバスケットボールなどの特定の種目については、学校の授業以外の場で相当に経験してしまっている子もいるということです。

　最近、運動する子としない子の「二極化」がよく話題になりますが、ボールゲームにおいても、クラスの中に苦手とする子がいる一方で、サ

ッカーやバスケットボールについては、かつてはいなかったような専門的に習熟した子がクラスの中に現れて、この両者の間の埋めがたい個人差や男女差は、小学校におけるボールゲームの授業づくりを本当に難しいものにしています。そして、この個人差・男女差は学年が進むにしたがってさらに広がっていきますから、中学年→高学年と進めば進むほど、より難しい状況が生み出されていくことにもなるでしょう。

　この問題に対する取り組みには2つの方向が考えられると思います。1つは、これまで教えてきたサッカーやバスケットボール等々の運動種目のルールや用具などを工夫し、苦手な子も含め、どの子もゲームに参加できるようにするための研究です。そしてもう1つは、これまで教えてきた種目とは異なる新しい運動をカリキュラムに取り上げる検討をおこなってみること、とくに苦手な子がゲームに参加しやすいという観点や、個人差や男女差が顕在化しにくいという観点から新しいボールゲームの可能性を探る研究です。タグラグビーへの全国的な注目は、この後者の方向と重なることは言うまでもありません。

2章
❷ ボールゲームの分類論からの検討

　さて、タグラグビーを含む新しいボールゲームの可能性を考えてみるにあたり、ここで検討のための基礎知識としてボールゲームの分類論を押さえておくことにしましょう。世界中には、ボールゲームと呼ぶことができる運動種目が数百もあると言われています。スポーツ発祥の地であるイギリスで生まれたサッカー、ラグビーをはじめ、アメリカで生まれたバスケットボール、野球、またその他の国々にも多様なボールゲームが伝えられていて、実に数多くのボールゲームがこの地球上には存在しています。しかしながら、このように種々さまざまな形で我々の前にあるボールゲームも、表1に示したように大きく4つのグループに分類することができるのです。

　第1のグループは、双方のチームがコート上で入り交じって攻防する「攻守混合系」です。これはさらに、ボールを手で投げたりとったりしながらゴールをめざすバスケットボールやハンドボールに代表される「投捕ゴール型」、ボールを足で蹴りながらゴールをめざすサッカーに代表される「蹴球ゴール型」、そしてボールを抱えて走ることで陣地を前進させながらゴールをめざすラグビーやアメリカンフットボールに代表される「陣取ゴール型」の3つに細分されます。

　第2のグループは、双方がネットをはさんで別れて攻防する「攻守分離系」です。これは、集団がネットをはさんで対峙するバレーボールに代表される「集団ネット型」と、個人ないしペアがネットをはさんで対峙する卓球やテニスに代表される「対人ネット型」の2つに細分されます。第3のグループは、双方のチームが攻守を交代しながら攻防を繰り返していく「攻守交代系」で、これはソフトボールや野球に代表される「ベースボール型」と呼ばれるも

のになります。最後に第4のグループとして、プレーヤーが手元にあるボールをある目標に向かって移動させる攻撃行動だけが交代していく「攻撃交代系」というゴルフやボウリングに代表される「的当て型」があります。

この分類論を踏まえた上で、これまで小学校で教えられてきたボールゲームについて検討してみると、次のようないくつかの特徴を指摘することができるでしょう。まず、これまでの小学校の体育では、攻守混合系の投捕ゴール型と蹴球ゴール型に量的にやや偏って教えてきた面があるということです。というのも、中学年でポートボールとラインサッカーを教え、高学年でもバスケットボールとサッカーを教えてきたというのが一般的な姿だからです。このような偏りに対し、1998年の学習指導要領の改訂では、小学校で教えるボールゲームにはじめて攻守分離系の集団ネット型のソフトバレーボールが加えられて、子どもたちの学習経験の幅を少し広げることとなりました。

また、攻撃交代系の的当て型は、ゴルフやボウリングと聞くと体育の授業とは縁がないようにも思えてしまうのですが、以前から小学校低学年の授業でよくおこなわれてきた積み上げた段ボール箱を的にするようなボール投げ遊びはこの攻撃交代系に入ります。そうすると、攻守交代系のベースボール型はハンドベースボールやソフトボールで教えられてきたわけですから、これまでの小学校体育では、攻守混合系の陣取ゴール型と攻守分離系の対人ネット型の

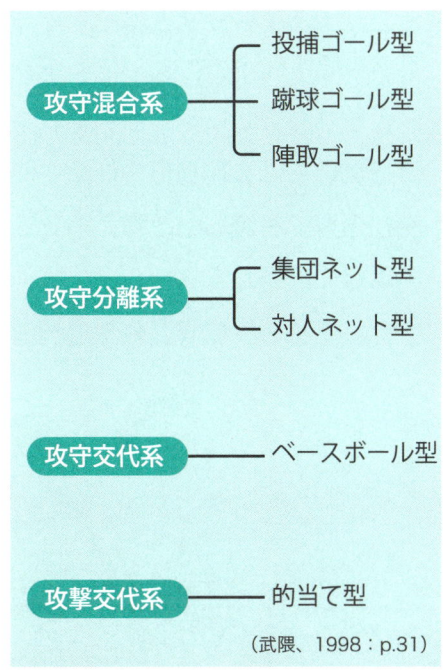

（武隈、1998：p.31）

表1　ボールゲームの分類

2つは教えられてこなかったということもここで指摘できるでしょう。

もちろん、これらが取り上げられなかったことには理由があるはずです。たとえば、ラグビーやアメリカンフットボールといった陣取ゴール型は、タックルをはじめとする身体接触があることが小学校の体育授業で学ぶ運動としてはふさわしくないと考えられたのでしょうし、テニスなどの対人ネット型は、ラケット操作が小学生の発達段階から見てやや難しいと考えられることと、1つのコートで2人ないし4人しかプレーできないという形式が、40人規模の子どもたちに対しておこなわれる体育授業における運動量の保障という面から見ても難しいと考えられているように思われます。

タグラグビーは攻守混合系の陣取ゴール型のボールゲームですから、全国で広がりつつある小学校体育でタグラグビーを教えるという実践は、これまでは取り上げられなかった陣取ゴール型の運動を体育の授業で教えるというまったく新しい取り組みです。それでは、どうしてタグラグビーはこのように小学校で教えられるようになってきたのでしょうか。

確かに、陣取ゴール型がこれまで小学校で教えられなかった主たる理由である身体接触はタグラグビーから排除されていますが、いわば阻害要因が取り除かれたというだけではそれを取り上げる積極的な意味はないはずです。そういった次元を越えた、タグラグビーという運動種目が持つ可能性について、さらに詳しく探ってみることにしましょう。

2章
3 いま小学校で求められるボールゲームとしての「タグラグビー」の魅力

　一見、みんなが嬉々としてやっているように見えるボールゲームの授業も、苦手な子はゲームにほとんど参加できていないし、とくにサッカーやバスケットボールにおいては、それらを得意とする子との間に顕在化する埋めがたい個人差や男女差が、体育の授業づくりを難しいものにしている現状はすでに述べた通りです。そのような状況の中で、いま小学校で求められるボールゲームとは、苦手な子も参加しやすいもう少し「やさしい」ボールゲーム、そして、みんなで一緒に楽しめる個人差や男女差が顕在化しにくい「やさしい」ボールゲームではないでしょうか。タグラグビーは、こういった小学校の先生方のニーズに応えられる「やさしい」ボールゲームだからこそ、全国で注目されているのです。ここでは、そのようなタグラグビーの魅力を4つの観点から説明してみます。

魅力① 低学年の学習経験から発展させやすい運動

　タグラグビーは小さな子どもたちが大好きな鬼遊び（鬼ごっこ）と深く関連するボールゲームという点で、小学生にとって、とても取り組みやすいボールゲームと言えます。鬼から逃げようとして急に方向やスピードを変える、鬼のいないスペースを探して逃げる、鬼になったときは相手の動きに合わせて追いかけていく…等々の動きは、ボールゲーム全般に関係するということはよく言われる通りです。

　中でもタグラグビーは、ボールを抱えて逃げ、また、ボールを持っている相手を追いかけていくといったプレーの連続から成り立っているので、他のどのボールゲームよりも鬼遊びとダイレクトに結びつくボールゲームと言うことができます。このことによって、低学年で鬼遊びを経験した後に、中学年でその経験を活かしながら自然に学習を発展させやすいボールゲームということができるでしょう。

魅力② どの子も、いま持っている力で楽しむやさしい学習を導きやすい運動

第2に、タグラグビーはゲームに参加するために必要となる個人的技術が他のボールゲームに比べてやさしいため、運動が苦手な子も含めて、どの子もいま持っている力で楽しむやさしい学習を導きやすいボールゲームと言えます。タグラグビーでは、パスは前に投げられないので、パスは後ろへ後ろへと回ってきます。ボールゲームが苦手な子はどうしても後ろや隅っこに引っ込みがちになり、ボールに触れないことも多いのですが、タグラグビーではパスは後ろへ回ってくるので、結果的にボールを手にする機会が、苦手な子も含めた多くの子どもにばらける傾向があります。

ただし、このようにボールを手にする機会が多くても、ボールを持った次にやることが難しいのでは、苦手な子はやはりゲームに参加することが難しくなってしまいます。けれどもタグラグビーの場合は、ボールを持ったらそのまま前に走るだけでゲームに参加できます。このゲーム参加のために必要な個人的技術が、他のボールゲームのドリブル等に比べると相当にやさしいということが、タグラグビーにおいて苦手な子がゲームへ参加できる重要なポイントになっています。

さらに、タグラグビーは他のボールゲームに比べて得点の仕方がやさしいと言えます。攻守混合系のボールゲームのほとんどは、得点するために中央にあるゴールへシュートをするという難しい課題が最後に待ち受けています。そのことが、苦手な子が得点経験を持ちにくい現実を導くわけですが、タグラグビーでは、左右のタッチラインの間に広く開かれたゴールゾー

ン（インゴール）のどこでもよいので走り込んでボールを置くだけで得点(トライ)となるため、苦手な子も含めどの子も得点できる可能性が非常に高いのです。実際、タグラグビーの授業では、クラスの全員が得点できたということは珍しい話ではありません。

　守りの場面においても、タグラグビーではボールを持って走っている相手チームのプレーヤーを追いかけていって、しっぽとり鬼ごっこの要領で腰につけているタグをとればよいだけなので、守り方が他のボールゲームに比べて具体的でわかりやすく、また、タグをとれば目の前で相手の前進が止まりますから、守りで自分が貢献できているという実感も子どもたちは持ちやすいようです。

魅力③ ゲームへの参加から豊富な運動量がもたらされる運動

　このようにゲームに参加するために必要となる個人的技術が他のボールゲームに比べてやさしいことは、どの子もゲームへの参加が自然と促されることになりますから、そこから結果として豊富な運動量がもたらされるということも、タグラグビーの魅力として３番めに挙げることができます。

　攻めでも守りでも、子どもたちが汗をびっしょりかいて元気に走り回る姿をタグラグビーの授業では見ることができるのです。しかも、そこではただ走っているだけではなく、

方向を変えたりスピードを変えたり、多様な動きがたくさん現れます。そういった点からは、敏捷性やバランス感覚が自然に養われていく経験としても期待できます。

魅力④ 個人差や男女差が顕在化しにくい運動

さらに、そのようなタグラグビーは、他のボールゲームに比べると個人差や男女差が顕在化しにくいということを4番めの魅力として挙げておきましょう。

タグラグビーは、多くの子どもにとってはじめて出会う運動種目ですから、サッカーやバスケットボールにおいて見られるような個人差や男女差はほとんど存在せず、スタートはみんな一緒です。もっとも、スタートは一緒でも難しいボールゲームであったら直に運動が得意な子だけが適応して個人差は生まれてしまうでしょうが、タグラグビーは苦手な子も参加しやすいやさしいゲームなので、個人差や男女差が顕在化しにくいということなのです。

ここまで述べてきたタグラグビーの魅力については、どの子にも得点経験がもたらされることや運動量が保障されることをはじめ、授業実践を分析した研究から多くのことが確かめられています。本書のコラム「タグラグビー研究室へようこそ」では、その詳しいデータが紹介されていますので、実際のデータからもタグラグビーの魅力を確かめてみてください。

2章
❹ 新しい学習指導要領と「タグラグビー」

　ところで、2017年に学習指導要領の改訂があり、小学校は2020年の完全実施に向けて、現在は移行期間です。ですから、タグラグビーを体育の授業で取り上げるための検討を進めている学校では、新しい学習指導要領との関係が気になると思います。そこでここでは、とくにタグラグビーと関わるボールゲームに関連した部分を中心に、新しい学習指導要領について少し触れておくことにします。

　31ページの表2は、2008年の改訂によって示された小学校体育の領域構成と内容です。この中でボールゲームと関連するのは、低学年と中学年の「ゲーム」領域と高学年の「ボール運動」領域ということになります。2008年の大きな改訂は、それまで中学年のゲーム領域ではバスケットボール型ゲーム、サッカー型ゲーム、ベースボール型ゲームとして示していた内容を、また、高学年のボール運動領域ではバスケットボール、サッカー、ソフトボール又はソフトバレーボールと種目名で示していた内容を、中・高学年ともゴール型、ネット型、ベースボール型という名称の3つの型で示したことで、これは2017年の改訂でもかわりありません。

　ここで注意しなければならないのは、学習指導要領が言う3つの型とは、表1（23ページ）の分類論が言うところの攻守混合系をゴール型、攻守分離系をネット型、そして攻守交代系をベースボール型と呼んでいるということです。

　したがって、タグラグビーは攻守混合系の陣取ゴール型ですから、学習指導要領ではゴール型の中に位置づけられるわけです。

　学習指導要領の解説でも、中学年のゴール型ゲームの例示として、他のいくつかのゲームとともに「タグラグビー，フラッグフットボールな

どを基にした易しいゲーム（陣地を取り合うゲーム）」（小学校学習指導要領解説体育編、2017:p.96）が、また高学年のゴール型ゲームの例示として、「タグラグビー，フラッグフットボール」（同解説書，p.139）がバスケットボールやサッカーやハンドボールとともに示されています。

ゴール型と聞くと、サッカーのゴールやバスケットボールのリングのような目標物としてのゴールがあるもの、とついイメージしてしまうかもしれませんが、新指導要領が言うゴール型は、解説の例示からも理解されるように、陣取ゴール型までを含む攻守混合系を総称するボールゲームのグループを指して使われているのです。

そして学習指導要領は、中学年でも高学年でもゴール型、ネット型、ベースボール型の3つの型のボールゲームを教えなければならない運動としていますが、かつての指導要領のように、特定の運動種目を教えなければならないと規定してはいません。

以前は、いくつかの種目を教えることと規定した上で、たとえば高学年では「地域や学校の実態によっては（略）その他のボール運動を加えて指導することができる」（小学校学習指導要領，1998:p.83）としていたわけですから、ここは注目される点です。

この指導要領と対比させてみると、新しい学習指導要領では高学年のボール運動のゴール型では、バスケットボール及びサッカーを「主として取り扱うものとするが、これらに替えてハンドボール，タグラグビー，フラッグフットボールなど」「その他のボール運動を指導することもできるものとする」（小学校学習指導要領，2017:p.134）としているのです。

つまり、ゴール型であればどのボールゲームを取り上げるのかはまさにそれぞれの学校に委ねられたというわけです。

だからこそ、目の前の子どもたちにとってより豊かな体育の学習が現実のものとなるために、どのボールゲームをどの学年で教えることがよいのかを、各学校で検討していくことが期待されます。

これまでは取り上げられてこなかった運動は、ともするとその斬新さだけに目を奪われて十分な検討もないままに授業の中に導入されることがあります。

タグラグビーは、小学校のボールゲームの授業をめぐる問題へ対応できる種目という可能性を有すること

1年	2年	3年	4年	5年	6年
体つくり運動					
体ほぐしの運動	体ほぐしの運動	体ほぐしの運動	体ほぐしの運動	体ほぐしの運動	体ほぐしの運動
多様な動きをつくる運動遊び	多様な動きをつくる運動遊び	多様な動きをつくる運動	多様な動きをつくる運動	体力を高める運動	体力を高める運動
器械・器具を使っての運動遊び		器械運動			
固定施設を使った運動遊び					
マットを使った運動遊び		マット運動		マット運動	
鉄棒を使った運動遊び		鉄棒運動		鉄棒運動	
跳び箱を使った運動遊び		跳び箱運動		跳び箱運動	
走・跳の運動遊び		走・跳の運動		陸上運動	
走の運動遊び		かけっこ・リレー		短距離走・リレー	
		小型ハードル走		ハードル走	
跳の運動遊び		幅跳び		走り幅跳び	
		高跳び		走り高跳び	
水遊び		浮く・泳ぐ運動		水泳	
水に慣れる遊び		浮く運動		クロール	
浮く・もぐる遊び		泳ぐ運動		平泳ぎ	
ゲーム				ボール運動	
ボールゲーム鬼遊び		ゴール型ゲーム		ゴール型	
		ネット型ゲーム		ネット型	
		ベースボール型ゲーム		ベースボール型	
表現リズム遊び		表現運動			
表現遊び		表現		表現	
リズム遊び		リズムダンス			
				フォークダンス	
保健					
		毎日の生活と健康	育ちゆく体とわたし	心の健康けがの防止	病気の予防

(文部科学省、小学校学習指導要領解説体育編, 2008：p.90)

表2 小学校体育の領域構成と内容

から、幾多の議論を経ながら新しくカリキュラムへ導入する積極的な意味がある運動種目として認められつつあります。

体育で教えるボールゲームの選定にあたっては、これまでタグラグビーをめぐっておこなわれてきたような検討が、他の種目についても十分におこなわれていくことが必要になると言えるでしょう。

第3章

タグラグビーの ルール

1 はじめてタグラグビーをプレーするときの
  基本的なルール
2 もっとタグラグビーをおもしろくする
  発展的なルール
3 体育授業におけるルールの工夫で注意すること

3章 1 はじめてタグラグビーをプレーするときの基本的なルール

それでは、はじめてタグラグビーをプレーする子どもたちが、授業の1時間めからすぐにゲームを楽しむことができる基本的なルールを、ゲームの流れにそって紹介しましょう。

●準備

まずは、準備です。すべてのプレーヤーは、腰にタグベルトをまきます。ベルトは運動着やゼッケンの上からしっかりとまき、ベルトが余った場合は余った部分をベルトにまいてしまうか、ズボンの中に入れてしまいましょう。これは、ゲーム中にタグをとりにきた人が指をひっかけたりしないようにするためです。

次に、腰の左右の位置にある面ファスナー（ワンタッチテープ）にそれぞれ1本ずつタグをつけます。タグにはいろいろな色がありますが、衣服やゼッケンと同じ色は避けるようにしましょう。衣服等とタグが同じ色だと、タグをとろうとする人が見えにくいこともあるからです。

ボールは、ラグビーと同じ楕円球を使います。小学校の低・中学年は小さめの3号球、高学年はそれより一回り大きい4号球が使いやすいでしょう。ボールの空気圧は、少しだけゆるくするとはじめてでも扱いやすくなります。

ボール

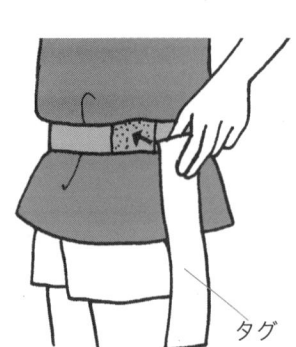
タグ

●コート

　タグラグビーのコートは、右図のように簡単なものです。タグラグビーではゴールポストなどは必要ありません。小学校の体育でおこなうラインサッカーのコートとほぼ同じです。体育館でおこなうときは、バスケットボール等のコートを使っておこなうこともできます。

　ゴールラインを越えたインゴールのどこでもよいのでボールを置いたらトライで得点となるのですが、バスケットボールコートを使うときや、インゴールのスペースがとれないときは、ゴールラインを越えたらトライとすることでかまいません。

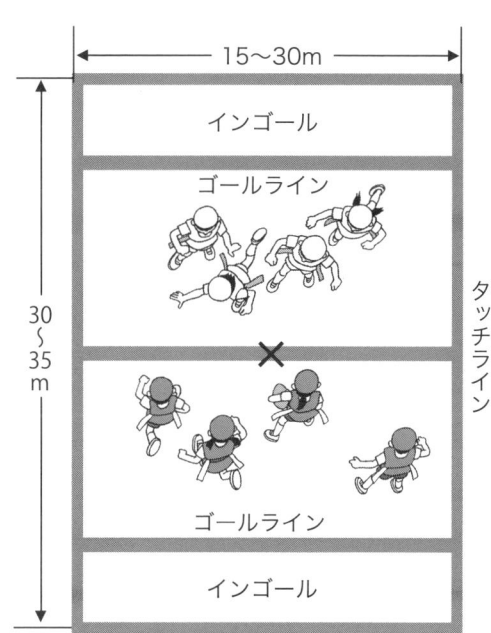

タグラグビーのコート

●人数と時間

　1チームの人数は、最初は4人から始めます。ゲームに慣れてきたらコートを少し広げて人数も5人にしてみましょう。ただし、6人にするとチームの中の運動が苦手な子にボールが渡らなくなってくるので、人数は5人までとします。

　試合時間は5～7分ハーフぐらいが一般的です。タグラグビーはとても運動量が多いので、子どもたちの体力や気候条件などに応じて適切な時間を決めてください。

●ゲームの開始

「よろしくお願いします」と挨拶をして握手をかわしてから、ジャンケンで最初に攻める側を決めます。ジャンケンに勝った側が、中央の×印からパスでゲームを開始します。このようなゲーム開始やゲーム再開のパスのことを「フリーパス」といいます。

フリーパスのときには、守る側は5m下がらなければなりません。授業では、大きく3歩下がることでよいでしょう。フリーパスを最初にもらう、攻める側のプレーヤーは、フリーパスをするプレーヤーの後ろ2m以内に立ち、パスをもらってから走り出します。遠くから勢いよく走り込んできてパスをもらってはいけません。タグをとろうとする、守る側のプレーヤーと衝突する危険があるからです。

●ゲームの進め方

攻める側のプレーヤーは、ボールを抱えて走ったり、パスをしたりしながら前へ進み、相手のインゴールまでボールを運んで得点することをめざします。ボールを持っているプレーヤーは、前後左右に自由に走ることができますし、パスはいつしてもかまいません。　守る側のプレーヤーは、ボールを持って走ってくる、攻める側のプレーヤーのタグをとることで、その前進を止めることができます。

●基本的なルール

ルール1 …得点の方法

　攻める側のプレーヤーが、相手のゴールラインを越えたインゴールの中に走り込んでボールを置けば「トライ」で1点となります。

　堅い校庭や体育館でプレーする場合は、ゴールラインを越えるだけでトライとすればよいでしょう。そのときは、ゴールラインを越えたらボールを上に掲げて「トライ！」とコールするとわかりやすいし、ゲームも盛り上がります。

　トライの後は、中央の×印からトライされた側のフリーパスでゲームを再開します。

ルール2 …パス

　パスは前に投げなければ、いつ、誰にしてもかまいません。ボールを前に投げてしまった場合は、「スローフォワード」という反則になります。

　スローフォワードが起こったときは、前へのパスを投げてしまった地点から相手側のフリーパスとなります。

← 攻める方向

ルール3 …タグ

　ボールを持って走ってくる、攻める側のプレーヤーの前進を、守る側のプレーヤーはタグをとることで止めることができます。このプレーのことを「タグ」と呼びます。

　タグをとったプレーヤーは、とったタグを頭上に指し示し、大きな声で「タグ！」とコールします。

　ボールを持っているプレーヤーは、左右どちらかのタグをとられたらすぐに走るのをやめて、ただちにボールをパスしなければなりません。目安は3歩以内です。タグをされてから3歩以上走ってしまったときは、タグをとられた地点まで戻ってパスをやり直します。

　タグをとられたプレーヤーがおこなう最初のパスは、守る側のプレーヤーはとることができません。ただし、そのパスが地面に落ちてしまったら拾ってもかまいません。それ以外のパスはカットするチャンスがあればとってもかまいません。

　タグをとったプレーヤーはそのタグを手渡しで返すまで、タグをとられたプレーヤーはとられたタグを返してもらい再び腰につけるまで、次のプレーをすることはできません。

その間は、残りのプレーヤーでゲームが続くことになります。

タグをとられた直後に、3歩以内でインゴールに入ってトライした場合は、故意に止まらなかったのでなければトライが認められます。

ルール4 …タッチ

ボールを持ったプレーヤーがタッチラインを踏んだり越えたり、パスしたボールがタッチラインの外に出てしまった場合は、その地点から相手側のフリーパスで再開します。

そのとき、タッチに出てしまった側はゲーム開始のフリーパスと同じように5m離れなければなりません。

ルール5 …身体接触など

タグラグビーでは、すべての身体接触が禁止されています。タグをとりにくる手を払う、相手にぶつかっていく、相手を手でつきとばす、相手をつかむ…といった身体接触はすべて反則となります。また、攻める側がタグをとられないようにクルクル回転したり、守る側が手を大きく広げて守るプレーは、身体接触を引き起こす原因になるので禁止です。

地面に落ちたボールへのダイビングも禁止です。転がっているボールは立ったまま拾わなければなりません。

また、キックも禁止です。ボールはいつでも手で扱います。

反則があった場合、その反則があった地点から反則をしなかった側のフリーパスでゲームを再開します。そのとき、反則をした側は5m離れなければなりません。反則がインゴールの中やゴールラインまで5m以内で起きた場合は、ゲーム再開のフリーパスはゴールラインから5mの地点でおこないます。

●ゲームの終了

ゲームが終わったら、握手をして「ありがとうございました」と挨拶をします。

ゲームの終了のことを、ラグビーの世界では「ノーサイド」と言います。対戦した相手チームも一緒にラグビーを楽しんだ仲間であり、ゲームの終了とともにチームとチームの間の境がなくなるという考えです。

審判がいた場合は、審判への感謝の気持ちも表すようにしましょう。審判も、一緒にタグラグビーを楽しんだ大切な仲間だからです。

3章 ② もっとタグラグビーをおもしろくする発展的なルール

　基本的なルールのゲームでは、攻める側がパスを失敗したりタッチに出てしまわないかぎり、いつかはトライがとれるルールとなっています。それでもはじめてタグラグビーをプレーする子どもたちは、よくパスを失敗したりタッチに出てしまったりするので、適度に攻守交代が起こるおもしろいゲームが展開されることでしょう。

　しかし、基本的なルールでのゲームも数時間を経ると、子どもたちもだんだんボール扱いに慣れてきてミスも少なくなり、その結果、ほとんど攻守交代が起こらない、おもしろみに欠けたゲーム展開が繰り返されるようになってきます。

　このような段階になったら、ルールを発展的なものへと変えていき、もっともっとタグラグビーをおもしろくしてみましょう。ルールを変えていくポイントは、ゲーム中の攻守交代の場面がより多く生み出されるようにするという点にあります。

●発展的なルール

ルール1 …ノックオン

　パスをとりそこねてボールを前に落とすと、スローフォワードと同様にボールを手で前に進めたということで反則になります。これを「ノックオン」と言います。

　ノックオンがあったときは、ボールを前に落としてしまった地点から相手側のフリーパスとなります。ボ

ールを落としたとしても、真下や後ろへ落とした場合はノックオンにはなりませんので注意してください。

ノックオンの反則は、タグラグビーを始めたばかりの基本的なルールのときは反則にしなくてよいでしょう。地面に落ちたボールはそれを落としたプレーヤーや攻める側の他のプレーヤーが拾って攻撃を継続してもよいし、相手側のプレーヤーに拾われて逆襲されることもあるでしょう。ただし、地面にあるボールへのダイビングは禁止ですから、ボールは必ず立ったまま拾うようにします。

ルール2 …オーバーステップ

タグをとられたらすぐに走るのをやめなければなりませんが、上手になってくるとゲームがスピーディーになってきて、タグをとられて止まろうとしても3歩以上走ってしまうことが起きてきます。

基本的なルールでは、3歩以上走ったときはタグをとられた地点まで戻ってパスをやり直していましたが、発展的なルールでは、タグをとられた後に3歩以上走ってしまった場合は「オーバーステップ」という反則とし、その地点から相手側のフリーパスとします。

オーバーステップのルールを加えると、タグをとられたらすぐに止まれるように、走るスピードを調節しながらランニングを工夫したゲームへと発展していくことが期待できますし、また、走るのが速い子がタグをとられた後にズルズルと動いてしまうことをこのルールで抑えることによって、守る側のプレーヤーとの衝突も避けることができます。

ルール3 …タグの回数

　ボール扱いが上達してくると、守る側が何回タグをとってもいつかはトライをとられるゲームになってきます。このような段階になったら、タグを4回とったら攻守を交代するというルールを加えてみましょう。

　タグの回数は、タグをとられたときにまだそのプレーヤーがボールを持っていた場合のみ数えることとします。4回タグをとったら、最後の4回めのタグをとった地点から、タグをとった側のフリーパスでゲーム再開となります。

　攻守交代となるタグの回数は、コートのたての長さと子どもたちの走る能力に応じて決めるとよいでしょう。相手ゴールライン目前で攻守交代が起こるように、たとえばコートのたてが短ければ3回、長ければ5回で交代といったようにします。

ルール4 …ゴールライン直前のタグの扱い

　基本的なルールでは、ゴールライン直前でタグをとられても3歩以内でインゴールに入った場合はトライと認めていましたが、上達にしたがってこのルールも厳しくします。

　ゴールライン直前でタグをとられたら、たとえ3歩以内でインゴールに入ってトライしてもそれはトライとはならず、そのタグが4回めだったら攻守交代、まだ3回め以内のタグだったらタグをとられた地点まで戻ってパスをやり直します。つまり、腰に2本のタグをつけたままでのトライしかトライとは認めないということになります。

　タグをとられた地点がゴールラインまで5m以内だった場合は、攻守交代のフリーパスや戻ってパスをやり直すのはゴールラインから5mの地点からとします。

ルール5 …オフサイド

　タグラグビーの「オフサイド」は、タグをとった直後に守る側のプレーヤーに起こる反則です。攻める側のボールを持っていたプレーヤーがタグをとられると、そのプレーヤーから真横にオフサイドラインが生まれ、それより前の範囲はオフサイドの位置となり、守る側のプレーヤーはプレーできなくなるのです。

　このオフサイドの範囲に立って、タグの後の最初のパスをカットしたり、そのパスを受け取る、攻める側のプレーヤーにあらかじめ近づいておいてパスが通ったとたんにタグをとる、といったプレーがオフサイドの反則の典型例です。

　基本的なルールのときは、オフサイドという言葉を使わないで、タグをとられたプレーヤーがおこなう最初のパスは守る側のプレーヤーはとることができない、というルールで実質的にオフサイドのルールを適用します。

　体育の授業の場合は、このルールで最後までおこなっても問題ないことが多いのですが、もし、タグ後のパスはカットしないけれど、故意にそのパスをもらうプレーヤーに近づいておいてタグをとるというプレーが起こったときは、オフサイドを厳格に適用する段階になったと考えられます。

　オフサイドを厳格に適用した場合は、守る側のプレーヤーはタグが起きたら、オフサイドラインまでいったん戻ってからプレーしなければなりません。

3章 ③ 体育授業におけるルールの工夫で注意すること

　競技団体が定めたいわゆる公式ルールを絶対視するのではなく、目の前の子どもたちの実態に応じてルールを工夫し、どの子もいま持っている力で取り組むことのできる「やさしい」ゲームをつくるということは、ボールゲームの授業を構想していく際に、すでに先生方の常識になりつつあると言えるかもしれません。とくに小学生は、その発達段階から見ても公式ルールでゲームを学習することは難しいので、こういった観点からルールを工夫することがボールゲームの授業全般で求められることは言うまでもありません。

　先に紹介したタグラグビーの基本的なルールと発展的なルールは、そういった観点から体育の授業で使うルールとして考えられたものであり、タグラグビーの種々の大会で使用されているオフィシャルなルールとは共通する点もありますが、異なる点もあります。たとえば、ここで紹介したルールにある「スローフォワード」は大会ルールにももちろんありますが、大会ルールに必ずある「ノックオン」はここでの基本的なルールでは反則としていないといったようです。

　ここでよく理解しておかなければならないのは、はじめてタグラグビーをプレーするときの基本的なルールでは、なぜノックオンは反則としないのか、ということです。生まれてはじめて楕円球を手にした子どもたちは、最初はその扱いに慣れないのでよくパスをとりそこねて前に落とします。つまり、タグラグビーを始めたばかりの子どもたちにとって、楕円球をキャッチすることは少々難しい面があるわけです。そのときに、ある程度経験を積んできた子どもたちが参加する大会のルールと同じにノックオンを反則としてしまうと、子どもたち、とくに苦手な子たちは失敗を恐れて積極的にパス

をとりにいかなくなってしまい、いつまでもパスをキャッチすることができないことでしょう。だから基本的なルールではノックオンを反則としていないのです。

　つまり、ルールを工夫することによって、子どもたちの実態からすると難しい面をやさしくするということが、ボールゲームのルールを工夫する際の重要なポイントとなるわけです。基本的なルールでは、「オーバーステップ」の反則が３歩以上走ってしまったら戻ってやり直しとされているのも、「タグの回数」を数えないで攻める側にトライのチャンスをたくさん与えているのも、その他いくつかの大会ルールとは異なるここでのルールはすべて、体育の授業ではじめてタグラグビーをプレーする子どもたちにとって、１時間めからタグラグビーのおもしろさを味わってもらえるような工夫として考えられたものです。

　もちろん、それぞれの学校のそれぞれのクラスの実態はさまざまだと思います。したがってここで紹介した基本的なルールと発展的なルールをもとにしつつ、さらに各クラスの子どもたちの実態から見てルールを工夫することが必要な場合もあるかと思います。たとえば、ボール扱いに最初からそれほど問題がなければノックオンを早めにとったほうがおもしろいゲームになることもあるかもしれませんし、タグの回数は最後まで数えなくても適度に攻守交代が生まれるおもしろいゲームが続くこともあるかもしれません。目の前の子どもたちの実態を踏まえたルールの工夫が、よりよいタグラグビーの学習を導く前提となります。

　そういった意味で、全国でタグラグビーの授業実践を見せていただく中でいろいろなルールの工夫に出会うのは嬉しいことですが、これだけはやるべきではないというルールの工夫にも時々出会うのです。それは、ボールを前に投げられないという「スローフォワード」のルールが子どもたちにとってとても難しいと考えて、最初は前へパスしてもよいというルールでおこなわれるタグラグビーの授業です。しかし、このルールでおこなわれるタグラグビーのゲ

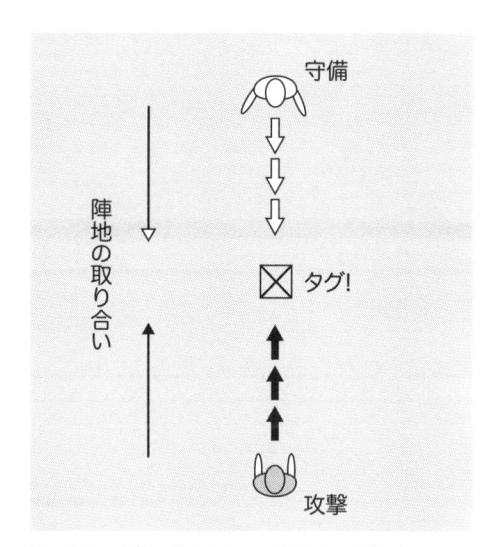

図2-1　陣を取るということの意味 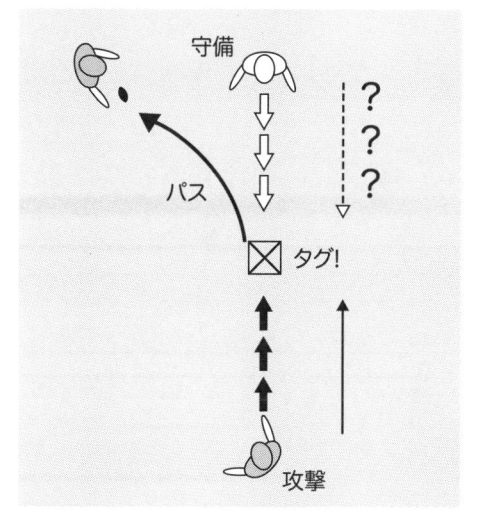　　図2-2　前へのパスによる陣取の消滅

ームは必ず崩壊してしまうのです。なぜでしょうか。

　タグラグビーは「攻守混合系」の中の「陣取ゴール型」に分類されることは先述の通りですが、このゲームにおいて「陣をとる」ということには、図２－１に示したように攻める側がボールを持って走ることで陣地を前進させるという意味と、守る側もボールを持って走ってくるプレーヤーに向かって前進しタグをとることで前進を止め、その地点まで守る側の陣地を進めるという２つの意味があります。したがって、タグをとることが成立した地点でいったん攻める側の前進は止まることにな

るはずですが、この後のパスを前に投げてよいことにしてしまうと、図２－２からわかるように、それまでに守る側が前進して獲得したはずの陣地は完全に無に帰してしまうばかりか、タグをとりにいったところで、タグをとられたプレーヤーは前方の味方にパスを送って攻撃は易々と継続されてしまうので、タグをとることは守る側にとって有効な防御手段にはまったくなりません。（鈴木, 2004:p.20）

　さらに前方へのパスが許されるのであれば、攻める側から見てもボールを持って走ることで前進するよりも、防御が手薄な前方のスペースへ

先回りする味方にパスを送るほうがはるかに効率的で合理的な攻撃となりますから、そういったルールのゲームからはボールを持って走るランニングプレーも消滅し、結果として、攻める側と守る側の陣取そのものがなくなってしまうということになるのです。これは、単に技術や戦術の学習が崩壊したということに止まらず、「陣取ゴール型」のタグラグビーに特有のおもしろさを子どもたちは学習できていないという意味でも、学習が崩壊してしまっていると言えるのです。

　ボールゲームの授業づくりにおいて、子どもの実態に応じてルールを工夫することはとても大切な教師の仕事となりますが、それぞれのボールゲームにはここを変えてしまうとそのボールゲームの特性が崩壊してしまうというポイントがあります。タグラグビーの場合は、故意ではないノックオンは反則としなくてもよいのですが、ボールを前に投げてよいことにしたら「陣取ゴール型」の特性が崩壊してしまうのです。タグラグビーの授業におけるルールの工夫では、ぜひこの点に注意していただきたいと思います。

　蛇足ですが、スローフォワードというルールは大人が考えるほどには子どもにとって難しくないこともわかっています。本書のコラム「タグラグビー研究室へようこそ」でご確認ください。

第4章

タグラグビーの授業づくり

1　授業づくりのポイント
2　授業実践例
3　授業づくりに役立つ資料集
4　授業づくりに関するQ＆A

4章
① 授業づくりのポイント

　ここではタグラグビーの授業づくりについて、実践例をもとにして考えていきます。最初に、どのようなことに配慮してタグラグビーの授業づくりをおこなえばよいのかについてポイントを絞って確認しましょう。

■低学年（1年生・2年生）では…

　校庭中所狭しと鬼遊び（鬼ごっこ）をする子どもたちの姿をよく見かけます。鬼遊びでは、スピードをコントロールしたり急な方向転換をしたりする動きが要求されますし、鬼が相手を追い込んでいくための簡単な作戦を考え実行する必要が生じます。これらの経験は、すべてのボールゲームの基礎となる動き方や学び方となります。この鬼遊びの運動特性を活用し、低学年ではタグラグビーのゲームをおこなうよりも、タグラグビーに発展する可能性のある鬼遊びをおこなうとよいでしょう。

　たとえば、「タグとり鬼」や「宝とり鬼」、「宝運び鬼」といった鬼遊びを実践してみます。相手のタグをとったり、相手の守りをかいくぐったりしながら競争することができます。ところが、こういった鬼遊びをする場合、タグを2本ともとられてしまったために、プレーから外れコートの外へ出て待っている子が生まれてしまいます。タグを2本とられても仲間からタグをもらってプレーに復活できるような、苦手な子にとってやさしいルールに工夫する必要があります。

　ここで留意したいのは、「タグラグビーに発展させるための鬼遊びをしなくては！」と過度に考える必要はないということです。鬼遊びによって、子どもたちは多様な運動経験を獲得します。同様に、「タグとり鬼」や「宝とり鬼」、「宝運び鬼」をプレーすることで、子どもたちはタグラグビーと類似した動きを自然に獲得します。しかし、教師がタグラグビーのゲームへの系統性を強く意識して鬼遊びを実施した場合、難しい動き方を教えようとしてしまうかもしれません。鬼遊びを難しくしてしまわないことは、大切なポイントです。

■中学年（3年生・4年生）では…

　中学年では、鬼遊びで培った動きを大切にしながら、タグラグビーのゲームをスタートしたいと思います。しかし、子どもたちは楕円球を触った経験はほとんどないでしょうし、前方へパスをしてはいけないというルールでボールゲームをおこなった経験もありません。こういった運動経験を保障する準備運動を取り入れるとよいと思います。

　ボールゲームのおもしろさは得点を取り合う競争にあります。タグラグビーも同様ですから、初めはパスミスをして相手ボールになったりタッチに出たりしないかぎりは、タグを何回とられても攻撃を続けられるルールにして、トライする喜びを多くの子が味わえるようにするとよいでしょう。単元の前半には、クラス全員がトライすることを教師の頭の中の目標にして実践してください。

　また、ボールを抱えて自由に走ることができるという運動特性を活用し、「ボールを持ったらタグをとられるまで走ろう」「タグをとられてからパスを出そう」といった合言葉を用いることで、個人でできる工夫した動きがみられるようになります。

　子どもの実態に配慮しながら、初めはランニング中心のゲームからスタートし、その後パスを加えたゲームへと発展させるとよいでしょう。

■高学年（5年生・6年生）では…

　高学年であっても、はじめてタグラグビーをおこなう場合は、中学年への指導が参考になると思います。また、すでに学習経験のある子どもも、その経験は何か月も以前のものですから、単元当初はタグラグビーのゲームを思い出し、慣れる時間が必要です。

　慣れてきたら、グループで作戦を考え、パスを駆使した連係プレーをめざすとよいでしょう。しかし、子どもたちは作戦のバリエーションを多くは持っていません。教師から適宜示し、練習する時間を確保することは大切なポイントです。

　ゲームの攻防が高まってきたら、ノックオンを適用したりタグをとられる回数によって攻撃を制限したりするなどルールを難しくし、実態に合わせた適度な制約の中で、どのようにトライシーンを創り出すのかをグループで考えさせ、タグラグビーのおもしろさをさらに味わえるようにしましょう。

　さあ、これから紹介する実践例も参考にしながら、素敵なタグラグビーの授業を創り出そうではありませんか！

4章 ② 授業実践例

　ここでは学校の先生に役立つよう、実際に授業に取り入れている先生方の実践例をご本人に紹介してもらいつつ、注意したいポイントを確認してみましょう。

1 低学年での実践例

> ～タグラグビーへのつながりを意識した1年生の授業～
> 　　松元優彦先生（鹿児島県出水郡長島町伊唐小学校）

■はじめに　～鬼遊びからタグラグビーへの発展をどう考えるか～

　中学年以降にタグラグビーを教える際、タグラグビーを知らないという子どもにどう学ばせるか、タグラグビーにつながる動きをそれまでにどう身に付けさせているかは重要な問題ではないでしょうか。

　ところで、低学年で取り扱う鬼遊びは、身近で幼いころから親しんできたという点で子どもたちにとって大変魅力的な運動です。鬼遊びは、「相手のいないところや相手との距離感を測りながら走る」「人の気配を感じたり周りの状況を見たりして走る」「曲線を描いて走ったり急に止まったりする」「スピードや方向を変える」「体をかわす」「相手を追い込む」といったさまざまなスポーツで使われる動きをふんだんに含んでいます。

　さらに、チームスポーツでよく課題となる個人としての動きから集団やチームとしての動きへの移行も比較的容易です。そこで鬼遊びはさまざまなスポーツへの発展が考えられるわけですが、その中でもとくにタグラグビーへのつながりに焦点を当てて、鬼遊びからタグラグビーへの発展という視点で授業を考えてみます。

　タグラグビーのボールを持って自由に走り回り、それを相手が追いかけるという動きは、鬼遊びの「(走りながら) 逃げる―追う」という動

きと非常に似ているので、子どもたちは大好きな鬼遊びに夢中になる中で自然とタグラグビーにつながる技能を身に付け、中学年以降のタグラグビーの学習に抵抗なく入っていくことが期待できます。

■授業の実際

授業は全8時間で、単元全体のねらいは以下の通りです。
ア）相手をうまくかわしたり、つかまえたりして楽しく鬼遊びができる。
イ）規則を守って、互いに仲良く鬼遊びができる。
ウ）みんなが楽しめるような規則・場やよりよい動きについての考えを出し合うことができる。

8時間の中で、タグとり鬼、通り抜け鬼、宝（ボール）運び鬼（以下宝運び鬼）と発展していきます。それぞれの鬼遊びでは、表4に示したように、一人の鬼と向き合う形になる「個人」、複数の鬼と向き合う形になる「集団」、複数の仲間で複数の鬼と向き合う形になる「チーム」へと発展します。

段階	1	2	3
種目名	タグ取り鬼	通り抜け鬼	宝運び鬼
楽しさ	追いかけたり逃げたりすることが楽しい。タグを取ったり取られたりすることが楽しい。	鬼に捕まらないようにして通り抜けることが楽しい。	宝を持って、鬼に捕まらないようにして宝を運ぶことが楽しい。
個人	(1) 一人鬼	(1) 一人通り抜け鬼	(1) 一人宝運び鬼
集団	(2) 増やし鬼 (3) みんな鬼	(2) 集団通り抜け鬼	(2) 集団宝運び鬼
チーム	(4) チーム対抗タグ取り鬼	(3) チーム対抗通り抜け鬼	(3) チーム対抗宝運び鬼 (4) 一つの宝運び鬼

表3　タグラグビーへのつながりから見た鬼遊びの発展

① いろいろなタグとり鬼をしよう

鬼は相手をつかまえるときに、タッチする代わりにタグをとります。範囲は20m×30m程度としますが、範囲を決めないでしてもおもしろいでしょう。

(1) 一人鬼（個人）

タグを1本とられたらアウトになり、とられた子が鬼になります。これはよくおこなわれる鬼遊びでの「タッチ」を「タグをとる」に置き換えたものです。

(2) 増やし鬼（集団）

タグをとられた子も鬼になり、鬼が増えます。

(3) みんな鬼（集団）

誰のタグでもとれますが、自分も周りの子からタグをとられるので、みんなが鬼となります。つまり、「逃げる」「追う」の両方を一度に経験できます。タグをいくつとったかを競い合って楽しみます。
2本とられたらアウトです。
タグをもらったら復活できます。

(4) チーム対抗タグとり鬼（チーム）

タグをとるチームと逃げるチームを決めておこないます。時間を決めてとったタグの数を競い合います。それを十分楽しんだら、相手チームのタグをとれますが、相手チームからもタグをとられるというルールに発展させます。2本とられたらアウトとなりますが、同じチームの仲間からタグをもらったら復活できます。

②いろいろな通り抜け鬼をしよう

　鬼にタグをとられないようにして、前方に引いてある線をめざします。間が10m～20mの線を引き、両側から同時にスタートします。最初は鬼の動ける区域を決めてしてもいいでしょう。

（1）一人通り抜け鬼（個人）

　1対1で勝負します。相手を代えて楽しみます。

（2）集団通り抜け鬼（集団）

　〇は区域内（図3参照）やコート内にいる●につかまらないようにしてAの線を越えます。タグをとられたらタグを返してもらい、もう一度スタート線から挑戦します。時間を決めて数を競い合ったり、〇や●の人数を変えたりして楽しみます。誰もがAの線を越えやすいように●の数を少なくしたり、2本とられるまで進んでもよいというルールにしてもいいでしょう。

区域を設けないで●はコート内を自由に動けるようにしてもよいでしょう。

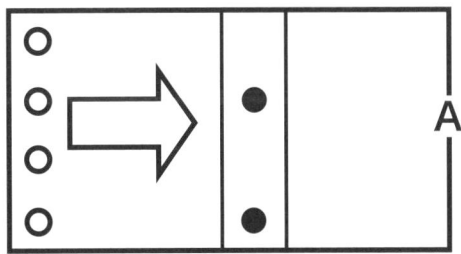

図3　区域がある集団通り抜け鬼

（3）チーム対抗通り抜け鬼（チーム）

　4人～5人のチームを決めてチームで競い合います。

チーム対抗戦にするためにお互いの人数を同じにします。〇の攻撃が終わったら攻守交代します。
競い合うチームを代えて勝ち負けを楽しみます。
4～5人くらいのチームをつくり、チームで競い合います。

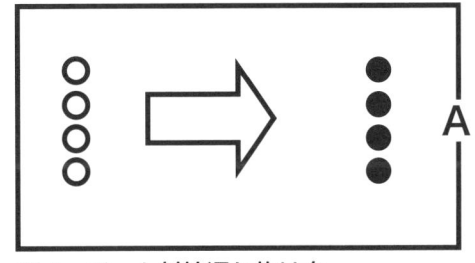

図4　チーム対抗通り抜け鬼

③いろいろな宝運び鬼をしよう

　ラグビーボールを宝に見立てて、その宝をコート内にいる●につかまらないようにして宝を入れる箱まで運びます。通り抜け鬼にボールを持って走る動きが加わるだけですが、両手を使えないのでバランスをとるのが難しくなります。

（1）一人宝運び鬼（個人）

　ボールを持ち、鬼にタグをとられないようにして所定の場所まで運びます。対戦する相手を変えて楽しみます。

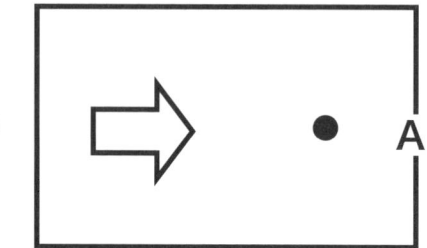

図5　一人宝運び鬼

（2）集団宝運び鬼（集団）

○や●の数を増やしておこないます。タグを取られたらタグを返してもらい、もう一度スタート線から挑戦したり、ボールをたくさん用意しておいてできるだけたくさん運んだりします。

◀宝を運ぶ人がいっぱい！

（3）チーム対抗宝運び鬼（チーム）

　4～5人くらいのチームをつくり、チームで競い合います。

（4）一つの宝運び鬼（チーム）

　ボールを1つにし、タグをとられたら速(すみ)やかに後ろにいる味方にボールを手渡します。ボールを受け取った子どもは再びAをめざします。Aを越えたら得点となり攻守交代をします。慣れてきたら、タグをとられたときに後ろにいる味方に下から投げて渡します。

■**実践をふりかえって** ……………………………………………

　いきなり授業に入っていくことの多かったタグラグビーも、「（走って）逃げたり追ったりする―タグをとったりとられたりする」という鬼遊びの要素を前段階に入れることで系統的に考えることができます。

　最後の「一つの宝運び鬼」のころになると、タグラグビーの初期のゲームにかなり近くなってきていて、鬼遊びを楽しんでいる意識のまま自然とタグラグビーをしていることになります。そうなると、子どもたちにとって未知のスポーツであったタグラグビーも鬼遊びの延長線上で捉えることができて違和感なく取り組んでいけるでしょう。

　その上、必ずしもタグラグビーにつながるよさだけではなく、子どもたちの動きに発展性が出てくる、子どもたちがルールの工夫に積極的になる、教師もなにを教えればいいかということがはっきりしてくる、といったよさも見えてきます。さらに、個人から集団・チームへの動きをそれぞれの鬼遊びで意図的に繰り返すことにより、そこで得た学習経験はそれ以後のチームスポーツを学習するときにも、きっと活かされることでしょう。

◆**単元計画**

時	1	2	3	4	5	6	7	8
ねらい	（ねらい1）タグ取り鬼を楽しもう			（ねらい2）通り抜け鬼を楽しもう			（ねらい3）宝運び鬼を楽しもう		
楽しみの発展（ルールや場や相手を変えて楽しむ）	●タグの付け方や取り方を覚えよう ●一人鬼をしよう ●増やし鬼をしよう ●みんな鬼をしよう ●チーム対抗タグ取り鬼をしよう			●一人通り抜け鬼をしよう ●集団通り抜け鬼をしよう ●チーム対抗通り抜け鬼をしよう			●一人宝運び鬼をしよう ●チーム対抗宝運び鬼をしよう ●一つの宝運び鬼をしよう		

時	学習のねらいと活動	指導上の留意点
はじめ 1時間	①学習のねらいと活動の仕方を知る ②タグの装着の仕方を知る ③一人鬼をしてタグの取り方を知る	・タグを使ってする鬼遊びである ・みんなで仲良く鬼遊びができるにはどうしたらいいか
なか 6時間	(ねらい1) **タグ取り鬼を楽しもう** ・増やし鬼をしよう ・みんな鬼をしよう ・チーム対抗タグ取り鬼をしよう (ねらい2) **通り抜け鬼を楽しもう** ・一人通り抜け鬼をしよう ・集団通り抜け鬼をしよう ・チーム対抗通り抜け鬼をしよう (ねらい3) **宝運び鬼を楽しもう** ・一人宝運び鬼をしよう ・集団宝運び鬼をしよう ・チーム対抗宝運び鬼をしよう ・一つの宝運び鬼をしよう	・一人ひとりが楽しく力いっぱい鬼遊びをしているか ・必要に応じてルールの工夫ができているか ・相手のタグを取ることのできない子どもはいないか ・タグを取られてばかりの子どもはいないか ・ルールが理解できていない子どもはいないか ・どうすれば相手をかわしたり、相手のタグを取ることができるか ・バランスを崩して倒れている子どもはいないか
おわり 1時間	学習の成果を確かめる ・仲よくできたか ・工夫はできたか	・鬼遊びを楽しむ力がどのように伸びたか

～タグラグビーへのつながりを意識した2年生の授業～
樺山洋一先生（鹿児島県熊毛郡南種子町花峰小学校）

■はじめに　～鬼遊びを大切にしながらタグラグビーの学習と関連させたい～

　低学年のゲーム領域は、「ボールゲーム」と「鬼遊び」で構成されます。鬼遊びにはいろいろなルールのものがありますが、子どもたちが楽しく取り組める運動です。子どもたちは、鬼につかまらないように逃げたり、鬼になって追いかけたりしながら夢中で遊ぶことができます。楽しみながら逃げたり追いかけたりするこの鬼遊びの動きは、実は中学年のゲームや高学年のタグラグビーの基礎となるような動きを多く含みます。

　低学年の子どもたちの運動能力の実態は未発達・未分化な状態ですから、そのときそのときで運動の楽しさやおもしろさをそれぞれの子が味わえる遊び感覚的な活動を中心とした学習でかまいません。現在、ほとんどの学校で「氷鬼」「子とり鬼」「手つなぎ鬼」といった単元名で、楽しく学習活動が展開されています。

　けれども、指導者が鬼遊びを単に「遊ばせるだけ」でおこなってしまうと、子どもたちは思いつくまま気の向くままといった刹那的な楽しみ方の運動経験に終始し、その後の学年の学習につながるような運動の高まりや発展性という面はあまり期待できずに、学習は低次元で這い回ってしまう場合もあります。

　学習を6年間の学びの連続として捉えたとき、低学年の鬼遊びの学習経験が単なる「遊び」にとどまらず、その後のさまざまな体育学習によい影響をもたらすように仕組むことは大切なことです。とくに鬼遊びの場合、中学年や高学年のタグラグビーとその動き方は関連が深く、より密接につながっていく可能性が大きいわけですから、そのことを指導者が意識しておく必要があります。したがって、低学年の鬼遊びといっても、「遊び」という学習活動の中に、タグラグビーの基礎となる感覚や技能を関連させながら意図的に指導することは、極めて重要であると思い

ます。もちろん、「タグラグビーに発展させるための鬼遊びをしなくては！」と、過度に考えすぎず、「やがてゆるやかにつながっていけばよい」といった指導のスタンスを忘れてはいけません。

　また、運動を苦手とする子や走るのが遅い子などは、体育学習をあまり好意的に受け止めていない場合があります。だからこそ、それぞれの学級の実態に応じたルールや指導計画・学習環境や教師の指導が大切になってくるといえます。

　鬼遊びをこのように捉え、子どもたちの実態から学習計画を立案し、学習環境を整えて活動させると、いろいろな種類の鬼遊びを楽しくおこないながら、自然にタグラグビーに必要な基礎的な技術や動きを身につけさせることができるはずです。つまり、遊びを通して中学年や高学年のボール運動と関連を持たせることになります。

　また、このような学習を経験した子どもたちは、その後の学年でボール運動を系統的に学習していく中で、いまできるやさしいゲームを楽しんだ後、チーム力を活かしたより組織的・戦略的な工夫したゲームに発達・発展していくものと考えます。

■授業の構想と実践

　低学年の子どもたちが楽しく豊かに学習活動をおこなえるように、学習過程、学習内容、教師の関わりの3点に焦点を当てて指導をおこないました。

①学習過程

　学習過程は、**オリエンテーション（1時間）→ねらい1の学習（2時間）→ねらい2の学習（3時間）**というステージ型の学習過程で構成しました。

　オリエンテーションでは、学習のねらいや進め方を話し合い、遊び方や気をつけることなどを教えました。事前のアンケート調査から、子どもたちに1年時の鬼遊びを想起させたところ、ほぼ全員が「鬼遊びは楽しい・好き」と答えていました。

　そこで、2年生ではマーク（タグ）を使用した3種類の鬼遊びをおこなうことを説明しました。

ねらい１の学習では、「鬼につかまらないように、動きを考えながら鬼遊びをしよう」というねらいで活動させました。各学習の終末段階で「よりよい動き」について整理し、共有化していきました。また、学級を４つのグループに分け、各グループのメンバーは、運動が苦手な子やリーダー性のある子で構成し、お互い教え合ったり協力したりしながら学習できるように、グループ内異質のメンバーにしました。学習する場の近くにそれぞれの遊び方（運動の仕方や動き方）の例を示すボードを置いたところ、その絵図を参考にしながら楽しく運動をすることができました。

　ねらい２の学習では、「チームが勝つために、作戦を立てて鬼遊びをしよう」というねらいで活動させました。これまでの学習の深化を図るためです。その結果、子どもたちは攻めと守りに分かれたり、一人がおとりになったりしながら作戦を立ててゲームをおこなうようになりました。

②中・高学年のボール運動との関連を意図しながら楽しく遊べる学習内容

　今回の実践は、低学年の運動遊びを遊びとして楽しくおこなわせながら、中高学年の学習とも関連を持たせたいというねらいがありました。そこで、それらに関連するような動きが経験できる学習内容として、しっぽ鬼→宝とり鬼→宝運び鬼という配列で学ばせました。このように配列した指導者の意図は以下の通りです。

> しっぽ鬼…タグベルトに慣れさせながら鬼遊びを楽しませる。
> 宝とり鬼…集団対集団で、攻め守りのある鬼遊びにする。
> 宝運び鬼…主に、前方向へ進む動きを高め、作戦を立てて鬼遊びをする。

（結果として中学年や高学年のタグラグビーの基礎となる。）

（1）しっぽ鬼（タグとり鬼）

　学習の初期の段階で、まだグループはつくっていません。自分の腰の左右にタグベルトを1本ずつつけて、スタートの合図で友達のタグを何本とれるかを競う鬼ごっこです。はじめは、自分のタグを2本ともとられてもゲームを続けることができるルールでおこないました。子どもたちは、自分のタグをとられないようにきょろきょろ周りを見ながら、相手のタグをできるだけたくさんとれるように夢中になって遊んでいました。

　安全に対する配慮として、前後左右といった全方向に向かって相手を追いかけながら遊ぶため、事前にぶつからないよう子どもたちに注意を促しておき、活動の場も広くしました。遊び方に慣れてきたところで、2本ともとられてしまった場合、ゲームに参加できなくなるルールにしました。

　しばらくすると、ゲームに参加できなくなった友達を見て「先生、かわいそうだよ。」という意見が出ました。そこで、それまで個人対抗の遊びだったしっぽ鬼をグループ対抗の遊びに変えました。2つの集団をつく

▲しっぽ鬼（個人対抗）

▲しっぽ鬼（グループ対抗）

り、タグをとられた子どもは、味方の子どもが余分に持っていたらそのタグをもらって復活できるルールにしたのです。

　タグをとられた子に「はい。」と渡す子、さっきまで悲しそうな顔だったのに「ありがとう。」と叫んで笑顔で走り出す子…助け合う楽しさやチームワークの大切さも味わうことができました。

（2）宝とり鬼

　ボールかごの中にラグビーボールを入れておき、攻めと守りに分かれておこなう鬼ごっこです。攻める側はかごの中のラグビーボールをとって区域外に運び出そうとし、守る側はボールを持った子のタグをとって防ぎます。タグをとられてしまったら、ボールを元のかごの中に戻します。

　攻める子どもたちは、初めのうちはグループとしての動きはなく、単に個人でボールを運び出そうとしていました。なかなかうまくいかないために、休み時間などに集まって話し合うようになり、あるグループは合図して二人同時に攻めこみ、一人がおとりになっている間にもう一人がボールを運び出すようになりました。学習に対する関心や意欲が、学習時間を過ぎても持続し、その後の学習を活性化したことになります。

▲宝とり鬼

（3）宝運び鬼

　宝とり鬼の場合、ボールを持つ子どもの動きは全方向になっていました。そこで、ゆるやかでも中・高学年のタグラグビーにつなげていけるように、主に前方向へ進む要素を多く含んだ宝運び鬼の遊びを単元の後半段階に計画しました。

　ここでおこなった宝運び鬼のルールは、攻めるグループの子は1個ずつボールを持ち、守りの子にタグされないようにスタートラインからゴールラインまで走り込むとそれぞ

▲宝運び鬼

れ1点ずつ得点できるというルールです。時間制にしたため、できるだけ多く得点しようという気持ちが強くて前へ前へと走り、守りの子にタグされないように自陣方向へ戻りながら逃げ回る子はほとんどいませんでした。

▲チームで協力して突破をはかる

学習が進むにつれて、攻める側の動きとして「方向を急に変えて走る」「スピードを速くしたり遅くしたりする」「サイドライン近くを走る」ことが得点につながりやすいということを学習集団として共有できました。また、守る側の作戦として、「同じくらいの足の速さの子をマークする」「中央付近に2人、後ろ付近に1人で守る」といったマンマークや、守りのフォーメーションを意図した

▲フェイントをかけてから逃げるぞ

ものをそれぞれのグループが考えるようになってきました。

③教師の関わり

初めは個人だった遊びを2つのグループに分けて遊ばせ、さらに4つのグループに分けて遊ばせました。運動が苦手な子やリーダー性のある子をグルーピング（グループ内異質）して、教え合ったり協力したりしながら運動できるよう働きかけました。具体的な取り組みとしては、かけ声をかけさせたり、授業終了後に評価の観点として「友達と仲良く助け合いましたか」という反省をさせたりしました。初めのうちは自分のことで精一杯だった子どもたちでしたが、声かけや反省をおこなってい

るうちに仲間を意識し始め、友達との関わりが深くなってきました。どこへ動けばよいかを教えたり元気のよいかけ声で声援する場面も多くなりました。また、低学年らしく自己中心的で勝負に拘る子に対しては、その子のチームが負けたときに自尊心を損ねることのないよう配慮した言葉かけをおこないました。

　とくに教師の関わりとしては、運動に対してやや苦手意識を持っていた子たちにアドバイスしながらおこなわせることで徐々に恐怖心を取り除いていきました。さらにその子たちと昼休みにも鬼遊びを一緒にしながら、よりよい動きを体感させました。また、学習後の反省で意欲の落ちた子や学習カードの「もうしたくない」に印をつけた子については、その原因を必ず聞くようにしました。すると、友達から「下手」と言われたり、体育館の床で滑って転んで痛い思いをしたりと、意欲が落ちたそれなりの理由がありました。そこで、グループ内での話し合いを持たせたり、安全に学習できるよう配慮したりしながら、学習に対する阻害要因をできるだけ減らしていきました。

▲自分たちの作戦を思い出そう

◆単元計画

単元の目標

- 鬼をうまくかわしたり、相手をつかまえたりして鬼遊びができる。
- 相手に勝つための作戦を立てて、協力して鬼遊びができる。
- みんなが楽しめるように、ルールを工夫することができる。
- ルールを守って仲良く鬼遊びをおこない、勝敗をすなおに認めることができる。

学習過程（全6時間）

時間	1	2	3	4	5	6
	ねらい1 の学習			ねらい2 の学習		

指導計画（全6時間）

時	学 習 活 動	指 導 上 の 留 意 点
1	1　単元のめあてを知り、学習計画について話し合う。 （オリエンテーション　第1次） 　┄┄┄┄┄┄┄┄┄┄┄┄┄┄┄┄┄ 　みんなが楽しめるきまりを作って、 　いろいろな鬼あそびをしよう。 　┄┄┄┄┄┄┄┄┄┄┄┄┄┄┄┄┄ 2　1年生で学習した鬼遊びで楽しむ。 　氷鬼　色鬼　手つなぎ鬼　子取り鬼など 3　2年生での遊び方を知る。	□1年生で学習した鬼遊びを想起させ、楽しかったことや楽しくなかったことなどを話し合う。 □1年生のときに学んだいろいろな鬼遊びをおこなわせる。 □「みんなが楽しめるためのきまり」や「勝敗への謙虚さ」等に焦点化して話し合う。
2	1　ねらい1の学習を確かめる。（第2次） 　┄┄┄┄┄┄┄┄┄┄┄┄┄┄┄┄┄ 　鬼につかまらないように、動きを考え 　ながら鬼あそびをしよう。 　┄┄┄┄┄┄┄┄┄┄┄┄┄┄┄┄┄	**ねらい1** 簡単なルールを決め、鬼遊びをたのしむ。 （今もっている力で楽しむ。主に個人の楽しみを充足させる。） □それぞれの遊びに十分浸らせながら、鬼につかまらないような動きも考えて楽しませる。
3	2　しっぽ鬼をして遊ぶ。 3　たからとり鬼をして遊ぶ。 4　学習のまとめと反省をする。	□チーム分けをする。（柔軟に） □よりよい動きを学級でまとめながら学習を進める。
4	1　ねらい1の学習を確かめる。（第3次） 　┄┄┄┄┄┄┄┄┄┄┄┄┄┄┄┄┄ 　チームが勝つために、作戦を立てて 　鬼あそびをしよう。 　┄┄┄┄┄┄┄┄┄┄┄┄┄┄┄┄┄	**ねらい2** 相手に勝つための作戦を考えながら、鬼遊びを楽しむ。 （高められた力で楽しむ。主に集団での楽しみを充足させる。）
5	2　たからとり鬼をして遊ぶ。	□チームの動きや作戦を考えたり話し合ったりしやすいように、手がかりとなる資料を示す。（全体に・グループに） □事前に把握している児童に留意して学習を進める。 （特に、学習意欲の落ちている児童）
6	3　じんとり鬼をして遊ぶ。 4　学習のまとめと反省をする。	□課題をうまく解決できない児童やチームには直接的な指導を行なう。 □学習で楽しかったことやうまくなったこと、今後の課題等を話し合わせ、次時の体育学習に生かす。

■**実践をふりかえって** ……………………………………………

　学習過程や学習内容の配列を工夫して低学年の鬼遊び（鬼ごっこ）をおこなわせることで、子どもたちはさまざまな鬼遊びで楽しく運動しながらタグラグビーの基礎となる感覚や技能を身に付けることができました。

　また、運動に対して恐怖心や苦手意識を持っていた子どもは、教師と一緒に運動をおこなうことによって、徐々に楽しめるようになりました。

　さらに、学校全体で取り組むことで、各教師の体育に対する理解が深まり、それぞれの学年の体育指導が充実します。

　今回の実践のねらいは、低学年の「鬼遊び」を遊びの学習活動としておこないながら、中学年や高学年のタグラグビーにゆるやかにつなげていくことにありました。そこで、誰もが簡単にできる鬼遊びから学習に入ったわけです。また、学習の発展を視野に入れて、ボール運動に必要な基本的な感覚や技能につながるようなルールを組み込みました。

　その結果、子どもたちは抵抗なく楽しく学習することができ、基本的な動きを身に付けながら、徐々にその感覚や技能を高めていったと考えられます。

★注意するポイント★

　低学年の体育授業における運動の学習は、一過性の運動経験に終始して、それ以降の学年の学習との結びつきが希薄な実践も少なくないようです。低学年でよく取り上げられる鬼遊びの授業も、ともするとそういった実践になりやすいのではないでしょうか。ただ単純に、いろいろな鬼遊びをしておしまい…といったような姿です。

　松元先生と樺山先生の実践は、こういった現状に問題意識を持って、まず単元の中での鬼遊びの学習を「タグとり鬼」から「宝運び鬼」へと次第に発展させていきながら、その学習の積み重ねを、中学年以降のタグラグビーの学習へとつなげていこうとしています。

　こういった視点を持つと、しばしばそこでの運動経験が、それ以降の学習のための準備的で訓練的なものになってしまうこともあるのですが、その辺には十分に注意して実践をつくっていることが大切なポイントだと思います。

　つまり、低学年の子どもにとって楽しくておもしろくて夢中になって取り組める鬼遊びを導くことをしっかりと計画した上で、その経験がその後の学習にゆるやかにつながっていく素地を自然に形成していくことをめざしているということです。低学年では無理に4対4のタグラグビーのゲームをする必要はありません。その代わりに、ここでの実践のような視点から、低学年の子どもにとってタグや楕円球を使った豊かな運動の学習をいろいろと考えてみてほしいと思います。

コラム

タグラグビー研究室へようこそ

1 誰でもボールを手にできる

　ボールゲームの学習を進めていくと、次のような声を聞くことがあります。
　「全然ボールにさわれないから、つまらない…」
　「いつも、同じ子ばかりがボールにさわっている…」
こういった小学校体育における問題状況に、タグラグビーは貢献する可能性があると期待されています。下の表4は3年生でおこなったタグラグビーにおける触球数を調査したものです。1単位時間に10分間のゲームを2回実施した授業における2グループ分の触球数を、6時間の単元計画のうち2時間目から6時間目まで示しています。ここには、最初のフリーパスでボールを持ったことは入れていません。

グループ	メンバー	2時間目	3時間目	4時間目	5時間目	6時間目
A	Aさん	6	8	1	10	12
A	B君	8	12	3	5	9
A	C君	11	20	5	11	9
A	Dさん	15	10	10	13	7
A	Eさん	4	11	7	9	12
A	F君	16	12	4	11	10
B	G君	11	10	4	10	11
B	Hさん	欠席	12	1	欠席	8
B	Iさん	9	14	6	19	14
B	J君	4	3	8	9	12
B	K君	11	17	11	12	11

表4　タグラグビーにおける触球数　　　　　　　　　　（回）

他のボールゲーム同様、触球数が多い子とそうでない子はいますが、一回もボールにさわっていないという子どももいません。タグラグビーに慣れた5、6時間目にはどの子もまんべんなくボールに触れるようになっていることを表から読み取ることができます。
　なぜ、タグラグビーのゲームではすべての子どもがボールに触れながらゲームをおこなえるのでしょうか。その理由としては、タグラグビーが備える次の運動特性が考えられます。
　①タグラグビーは、スローフォワードルールにより前方へのパスが禁止されています。パスは後方の子どもへどんどん回ってきます。そのために他のボールゲームでは消極的で後方や隅にいる子へもパスが回ってくるのです。
　②タグラグビーを4人対4人でおこなった場合、タグをとった子ととられた子は一時的にプレーに参加できなくなるわけですから、3人対3人の場面が生まれます。すばやい守りのために、またすぐにタグをとられた場合は2人対2人の場面が生じることも少なくありません。こういったことから、パスが回ってくる確率が高くなります。
　パスが回ってきてボールを手にしたり、トライを目指してコート内を走り回ったりする楽しさを経験した子どもは、「もっとボールにさわりたい！」と思うようになるでしょう。そして、パスを求めて自分から積極的にボール保持者のすぐ後ろを追うようになります。タグラグビーは、「ボールを持ってプレーするおもしろさ」というボールゲームが本来保障すべき学習内容の一つを学びやすいボールゲームと言えるでしょう。

2　中学年での実践例

〜はじめてタグラグビーを学習する3年生の授業〜
佐藤善人先生（元・東京学芸大学附属大泉小学校、岐阜聖徳学園大学）

■はじめに　〜不安の解消とやさしいルールづくり〜

　タグラグビーをすることを子どもたちに話したときに、ラグビーと聞いて「痛そう」「怖い」といった反応が返ってきました。初めて学習する子どもにとって、タグラグビーは危険なスポーツという印象をもつようです。しかしルールを確認する際に、接触プレーの禁止について説明し、タグラグビーは痛くなく安全なスポーツであることを伝えると子どもたちの不安は解消されていきました。タックルをしない代わりにタグをとることで相手の攻撃を止められることを伝え、他のボールゲームを得意とする子のタグを苦手な子がとる楽しさがあることとも併せて助言したことで、タグラグビーに対する子どもたちの意欲は大きく膨らみました。

　安全面の不安をとり除くことと同様に、第一時から子どもたちが今もっている力でゲームを楽しむために、やさしいルールからスタートすることは大切なポイントです。そのため、ノックオンやタグを取った回数によって攻守交代をするなどといった発展的なルールは適用しませんでした。ただし、前方へのパスを認めるとタグラグビーのおもしろさを壊すので、スローフォワードは初めから反則として実践をスタートしました。

■ボールを抱えて自由に走る！走る！走る！

　タグラグビーの一番の魅力は、何と言っても「ボールを抱えて自由に走れる」ことです。初めてタグラグビーを学習する中学年の子どもたちには、この魅力を存分に味わわせたいと考えました。そのために「ねらい1」において、下の2つの合言葉を子どもたちに提示しました。

> 合言葉①：ボールを持ったら、タグをとられるまで前へ走ろう
> 合言葉②：パスをしたら、ボールを持っている人の後ろへまわろう

◆合言葉①について

　タグラグビーは陣とり型のゲームです。相手陣地深くまでボールを運びインゴールに走り込むことで得点となります。しかし、ゲームを始めると、タグをとられていないのにパスを出したり、ボールを持ったまま後ろへ下がってしまったりする子の姿がみられます。これは、タグをとられてしまうことへの恐怖心から起こる行動です。

　合言葉①「ボールを持ったら、タグをとられるまで前へ走ろう」を意識してゲームをすることで、子どもたちはパスをすることよりも、インゴールを目指して懸命に走ることを大切にプレーするようになります。そして、「ボールを抱えて自由に走れる」というタグラグビーの一番の魅力を味わうようになります。ところが、合言葉①を口頭のみで指導していても、すぐにはめざす姿は生まれません。できるだけ早く子どもがボールを抱えて走るようになるためには、準備運動の工夫が必要となります。

　児童は初めて楕円球を扱います。

▲鬼遊びと類似した動き

また、ほとんどの子は、ボールを前方へ投げてはいけない（スローフォワードルール）という制約のあるボールゲームを経験したことはないと思います。金魚のフンや円陣パスといった準備運動をおこなうことで、ボールを持ったら前方へダッシュしたり、ボールを両手で下から後ろや真横に投げたりする運動経験の獲得を目指しました。その結果、単元の早い段階でボールを抱えて走り回り、タグをとられてから後方の仲間へパスをするプレーができるようになりました。

　ボールを抱えてタグをとられないように走ることで、相手をかわす動きが自然に生まれてきます。また、タグを取って攻撃を止めようと、相手の動きに合わせて守るようにもなります。これらの動きは鬼遊びでみら

れる動きと類似しています。児童は低学年のときに鬼遊びの学習経験を持つため、単元当初から巧みな動きを用いてゲームをすることができま

◆**合言葉②について**

　スポーツ少年団や休み時間の校庭で、バスケットボールやサッカーのゲームをたくさん経験している子どもにとっては、「ボールを持っている仲間よりも前へ走る」という動きが身体に染みついている場合があります。そのため、単元の始めにはボールをパスした途端に、いわゆる速攻のようにゴールラインに向かって全力疾走する子どもの姿がみられました。また、ボールを持っていた自分より前に仲間がいると思わずパスをしてしまう子もおり、スローフォワードを誘発してしまうことも少なくありませんでした。

　これらのことから、ボールを持っていない子は、ボールを持っている子の背中が見える位置でプレーすることが大切であると考え、合言葉②「パスをしたら、ボールを持っている人の後ろへまわろう」を提示しました。合言葉②を用いて指導するこ

した。これらのことから、鬼遊びとタグラグビーのつながりを考えると、中学年で初めて扱うボールゲームとしての大きな可能性を実感しました。

とで、ボールを持っている子はタグをとられてもすぐにパスができ、安心して走り回れるようになりました。また、ボールを持っている子の後ろを走ることで、ボールを持っていない子はパスをもらうチャンスを自らつくり出すことができるようにもなりました。ここでも金魚のフンや円陣パスは、合言葉②を実行するための運動経験を得る重要な準備運動となりました。

　これまでに述べたように、バスケットボールやサッカーのようにドリブルでボールを運ばなくてよい運動特性をもつタグラグビーのよさを最大限に活かすために、初めてタグラグビーを学習する中学年では、ボールを抱えて自由に走ることを指導して、ランニング中心のゲームからスタートするとよいと思われます。もちろん、いつパスをしてもよいのですが、まずは鬼遊びのように自由に

走り回り、タグをとられてからパスをすればよいことを強調することで、タグラグビーのおもしろさを1時間目から味わうことができるのです。

■自分の動きを工夫して走る！走る！走る！

　ボールを抱えて自由に走り回ることができるようになると、相手はそれを止めようとディフェンスを工夫するようになります。たとえば、足の速い相手をマンツーマンで守ったり、二人で一人の相手を守ったりします。このような工夫された守りを破るには攻め方の工夫が必要になり、「ねらい2」においては自らの攻めの動きを工夫することが学習の課題となります。

　小学校におけるタグラグビーの個人による工夫された動きには、カットイン、スワーブ、チェンジオブペース、ダミーパスなどがあります。これらは、子どもたちの動きの中から自然に生まれてきます。子どもの動きの中から生まれたものは教師が全体の場で認め、学級の財産とすべきです。しかし、教師が期待した動きが子どもたちの姿から生まれてこない場合は、学習資料として教師から提示することが必要です。こうい

▲工夫した動き（スワーブ）

った指導により、子どもの動きはより工夫され、ゲームを楽しめるようになります。

　個人の動きが工夫されてくると、中学年であってもパスを使った連係プレーを用いるグループが出てきます。そういったグループのよさを認めつつ、まずはランニング中心のゲームを十分楽しめるように指導することが大切です。急いでパス中心のゲームに移行すると、タグをとられる前に慌ててパスをするなどといったボールゲームを得意としない子どもがみせる自信のないプレーを生むことにもなります。

◆単元計画

	1	2	3	4	5	6
学習計画	学習計画を立てる	**ねらい1** 今できる動き方でタグラグビーを楽しもう。 《鬼遊びの延長としての動き》 ボールを持ったらトライを目指して走る ボール保持者のタグをとりに行く		**ねらい2** 工夫した動き方を加えて、みんなで攻めたり、守ったりしてタグラグビーを楽しもう。 《個人で相手の守りを破る動き》 カットイン、スワーブ、チェンジオブペースなどを使って攻める		学習をふりかえる

	学習の流れと主な活動	□指導　■評価
は じ め 15分	○ねらいや道すじを知り、見通しをもつ。 「楕円球は初めてだけど、楽しみだな」 「ボールを前に投げてはいけないルールは、少し不安…」 「ラグビーってタックルとかがあって痛そう」 ○グループと役割を確認する。 　5人（6グループ）、男女混合、グループ間等質、グループ内異質、役割分担 ○学習の進め方やルールについて話し合う。 〈主なはじめのルール〉 ・タグを取ったら手を上にかざし、大きな声で「タグ！」という。タグをとられた児童はすぐに止まってパスを出す。出せないときは相手のフリーパスとする。 ・前にボールを投げてはだめ。 　（スローフォワードルール） ・接触プレーは禁止。（相手のフリーパス） ・コートは3面設定する。 ○ボールやタグを使った様々な準備運動に慣れる。 ・タグとり鬼 ・円陣パス ・金魚のフン ・ボール集め競争	□給食の時間や休み時間等を利用してDVDを見せたり、低学年での鬼遊びを思い出させたりして、意欲を高める。 □**ねらい1**、**ねらい2**を示し、学習の見通しを持たせる。 □接触プレーは禁止されており、安全なボールゲームであることを確認する。 □ノックオンやタグの回数制限を加えず、やさしいルールから始める。 □ルールやゲームの動き方について困ったことがあれば、全体の場で話し合って解消していくことを指導する。 □ボールを持ったらトライを目指して自由に走ればよいことを確認する。 ■タグラグビーのゲームを楽しもうという想いをもつことができたか。 ■ルールやゲームでの動き方がイメージできたか。

◀円陣パス

な か 30 分 ・ 45 分 × 2	**ねらい1** ルールやチームのメンバーに慣れ、今できる動き方でタグラグビーを楽しもう。 ○準備と準備運動をする。 ○全体会でめあてを確認する。 〈合言葉①〉 　ボールを持ったら前へ走る 〈合言葉②〉 　パスをしたら後ろへ回る ○作戦タイム①で個人とグループのめあてをもつ。 　▲単元の流れの掲示 「ボールを持ったら、トライを目指して全力で走るぞ！」 「□□君のタグをとりたいな」 ○ゲーム①をする。 ・リーグ戦をおこなう ・前後半5分、計10分でおこなう ○作戦タイム②でよさや課題を確認する。 ○ゲーム②をする。 ○ふりかえりをおこない、次時への方向づけをする。 「ルールに慣れてきたよ」 「どんどんパスが回ってきて楽しい」 「ふんわりしたパスが来るからとりやすい」 「タグをとれば相手の攻撃を止められるなんて、おもしろい」 「はじめはスローフォワードが多かったけど、ボールを持った人が前へ走ってくれるから、減ってきたよ」 「私のグループは全員がトライできたよ」 「どう動いたら、もっとトライできるかな？」 「□□君のトライを抑えるにはどうしたらいいだろう？」	□係が準備をスムーズに行えるように助言する。 □全体会でマナーやルールで困っていることについて出し合い、その都度確認する。 □主体的に準備運動やゲームを進めるように助言する。 □ボールを持ったらトライを目指して、タグをとられるまで走ることを指導する。 □二つの合言葉を常に意識してプレーできるように、教師だけでなく、仲間からも声かけをさせる。 □友達のよい動きを見つけて積極的にまねをしていくように助言する。 □個別に課題がある児童について、重点的に指導する。 ■タグをとられるまで、トライを目指して走ることができたか。 ■相手の攻撃を止めるために、積極的にタグをとりに行けたか。 ■動きのイメージをもって思い切りプレーすることができたか。 ■困っていることを作戦タイムやふりかえりの時間に話し合い、グループや学級で対策を考えることができたか。
45 分 × 2 ・ 35 分	**ねらい2** 工夫した動き方を加えて、みんなで攻めたり、守ったりしてタグラグビーを楽しもう。 ○準備と準備運動をする。 ○全体会でめあてと個人の工夫した動きを確認する。 ○作戦タイム①で個人とグループのめあてをもつ。 「僕は、スワーブを使って攻めてみるよ」 「私は、カットインを使ってみるね」 「足の速い□□くんは僕がマークするよ」	□ルールやマナーについて必要に応じて助言したり、確認したりする。 □実態にあった準備運動を教師が提示し、共通しておこなう。 □児童だけで動きの工夫に気づくことには限界があるため、資料を提示したり、他のグループのよさを紹介したりして、児童の動きのバリエーションを広げていく。

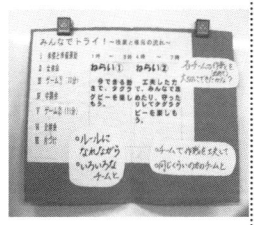

45分×2・35分	○ゲーム①をする。 ▲ゲームの様子　　　▲作戦タイムの様子 「カットインで相手を抜いたよ」 「私は、スワーブをしてみるね」 「□□くんのタグはなかなかとれないよ。二人でマークしよう」 「◇◇さんはチェンジオブペースを使っているね。私も真似をしてみよう」 「ボールを持っている人のすぐ後ろをついていこう。そうしたら、もっとパスがつながって得点できるよ」。 ○ゲーム②をする。 〈工夫した個人の動きの例〉 　カットイン　　　　スワーブ　　　チェンジオブペース ○ふりかえりをおこない、次時への方向づけをする。 「スワーブがきれいにきまって、守りをかわしたよ」 「ミスがなくなってきて、どんどんパスが回るね」 「たくさんトライできるようになったけど、相手の攻撃が止められないなぁ。　どうしたらいいのだろう」	□工夫された動きを口頭で紹介するだけでは、児童の力にならないと思われる。教師の指示のもとに具体的に動いてみたり練習する時間を確保したりする。 □ゲームでつまずいている児童やグループがいないか観察し、そのつまずきに応じて指導する。 □勝ちにこだわるあまり、暴言を吐いたりラフプレーをしたりしていないか観察し、適宜指導する。 □作戦タイム②を形式的におこなっているチームには、その必要性を説明し、実際に動いてみたり、練り直したりするように助言する。 □学んだよい動きや守り方をやってみようとしていたり、うまくできていたりする個人やグループを認め、全体に紹介する。 □ゲームで生まれた成果と課題を明らかにし、次時に向かうふりかえりができるよう助言した。 ■めあてとしている個人の工夫した動きを用いて積極的に攻めることができたか。 ■仲間と教え合いながら、個人の動きやゲームの質を高めるように努力できたか。
まとめ10分	○単元の反省をする。 「個人での工夫した動きがいろいろできるようになってよかった。高学年になったら、グループの仲間とのコンビプレーで攻めてみたいな」 「どれだけタグを取っても相手の攻撃を止められないね。タグを4回取ったら攻守交代するルールでやってみたいな」 「他のボールゲームではなかなか得点できないけど、タグラグビーでは私でもトライできたからうれしい」	□単元をふりかえり、よい動きや学習の姿を認め合うことで本単元を価値づけ、次単元への方向づけをする。 ■自分や仲間の学習の姿をふりかえり、伸びや課題を確認したり次単元への意欲をもったりすることができたか。

■**実践をふりかえって** ……………………………………………

　単元を通して運動を得意とする子もそうでない子も、鬼遊びのように走り回って楽しむことができました。このような動きがみられた理由としては、鬼遊びとのつながりを考えて実践したこと、ランニング中心のゲームからスタートしたことが挙げられると思います。

　とくに運動を苦手とする子に対して、「ボールを持ったら、タグをとられるまで前へ走ろう」という合言葉を用いて指導したことは効果的でした。タグラグビーでは、パスをもらってすぐにすべきことがパスやドリブルではなくボールを抱えて走ることなので、子どもにとってはやさしいボールゲームとして受け入れられたようです。

　今回の実践では、個人による工夫された動きはたくさん見られましたが、複雑な連係プレーはほとんど見られませんでした。はじめてタグラグビーをおこなう3年生に対しては、タグをとられた後のパスを連続してつなげてトライを目指すことを「ねらい2」のめあてにすべきだと感じました。

　単元当初は、スローフォワードが何度かみられましたが、金魚のフンなどの準備運動を実施することでスローフォワードは減少しました。前方へのパスを禁止するタグラグビーのゲームに早く慣れるためにも、教師の指導性は発揮されるべきでしょう。また、ギャングエイジと呼ばれる時期なので、ゲーム中に勝敗やプレーをめぐってトラブルが起こることがありました。はじめておこなうゲームでもあるため、単元を通じてルール指導やマナーの徹底の必要性があると思います。

★注意するポイント★

　低学年で学習する鬼遊びともっともつながりが深いボールゲームがタグラグビーと言えるのですが、中学年でどのようなタグラグビーのゲームへ子どもたちを導いていくのかによって、鬼遊びから発展しやすい学習になるかどうかが決まってくると思います。

　中学年の子どもたちにとってタグラグビーは初めておこなうボールゲームですから、それが一体どのようなゲームなのかは全く知らないわけです。そのときに、教師が最初からパスを要求してしまうと、他のボールゲームと同様に、明確な意図を持たないまま、ただボールを投げてしまうことが起こりがちですし、それは教師がパスゲームとしてタグラグビーをイメージしていることから導かれた失敗と言えます。

　佐藤先生は、タグラグビーのゲームを、ランニング中心のゲームと明確にイメージし、そこへ子どもたちを導くために2つの合言葉を使っています。こういった合言葉は、授業をつくられる先生方が子どもたちと一緒にいろいろと考えていけばよいと思うのですが、そういったことを工夫するための前提として、どのようなゲームを導こうとしているかのイメージを教師がしっかりと持っていることが大切なポイントです。

コラム

タグラグビー研究室へようこそ

2　ボールを持ったら走るだけ

　ボールゲームには、パスを受けたボール保持者が次におこなう行為として二つの選択肢が用意されています。一つはシュートやパスのようにボールを離す行為です。もう一つは自らがボールを保持したまま移動する行為です。ボールゲームでは、パスを受けたボール保持者がこれらの行為を選択しながら攻防することになります。

　たとえば、バスケットボールを日常的にプレーしている子どもにとって、これらの選択は容易にできるでしょう。しかし、バスケットボールの運動経験が少なかったり苦手であったりする子にとって瞬時にシュートなのかパスなのか、それともドリブルなのかを判断し、選択した行為をスムーズにおこなうことはやや難しいものです。こういった子どもは、パスを受けてもすぐに他の人にパスを出したり悩んでいるうちに相手にボールを取られたりしてしまいます。このような体育授業を続けていくと、その子はバスケットボールをますます敬遠するようになるでしょう。

　一方タグラグビーは、パスを受けた直後におこなう行為の選択肢が他のボールゲームほどには複雑ではありません。タグラグビーには多くのボールゲームでルール化されている「ドリブル」がなく、ボールを抱えて走ることがボールを保持しての移動動作となります。また、タグラグビーにはシュート局面もなく、ボールを抱えたままインゴールに走り込めばトライとなり得点できます。つまり、子どもがパスを受けた直後におこなう行為の選択肢がパスかボールを抱えて走るかの二つに絞られているのです。

　図6は、小学校3年生においてタグラグビーとポートボールを実践し、パスを受けた直後におこなうボールを保持しての移動動作のやさしさにつ

いて、子どもの意識を調査した結果です。子どもは五段階で評定しており、32名の平均点をグラフにあらわしています。グラフから、学習が始まる前は両ボールゲームともに約4点で、子どもたちは「やや、やさしい」と感じていますが、その後タグラグビーのボールを保持しての移動動作の平均点が高くなり、ポートボールよりもやさしいと感じるようになることがわかります（1、2時間目では有意傾向が、3、4時間目では有意差がみられる）。すなわち、子どもたちはタグラグビーのボールを抱えて走るという移動動作のほうを、ポートボールのドリブルでボールを運ぶ移動動作と比較してやさしいと感じているのです。

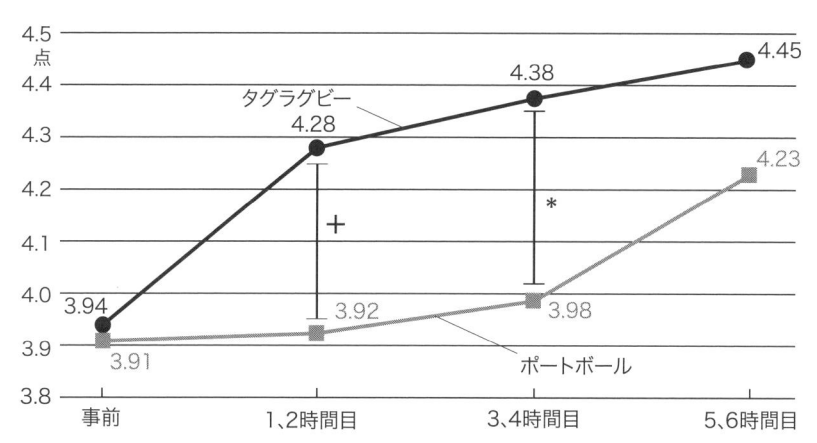

図6　「ボールを保持しての移動動作」に対する意識の比較

　このタグラグビーの運動特性を活かし、タグラグビーをはじめて学習する場合は、パスを受けたらインゴールを目指して自由に走ることを指導するとよいでしょう。もちろん、パスはいつしてもよいのですが、まずはランニング中心のゲームからスタートするのです。「ボールを持ったらタグを取られるまで走ろう」という合言葉を用いて指導することで、低学年における鬼遊び（鬼ごっこ）の運動経験ともうまく重なり合い、子どもたちはボールを抱えコート狭しと走り回ります。ボールゲームが得意な子も不得意な子も、汗をいっぱいかきながらプレーし、多くの子どもたちから「トライ！」という歓声を聞くことができるでしょう。

3 高学年での実践例

～はじめてタグラグビーを学習する6年生の授業～
志賀克哉先生（東京都大田区立松仙小学校）

■はじめに　～タグラグビーの魅力～

　高学年でおこなうボール運動として、サッカーやバスケットボールなどを長い間指導されてきた先生方は多いと思います。指導している中で、私が感じたようなことを経験された方は少なからずいるのではないでしょうか。たとえば、バスケットボールでは、シュート技能が難しく、シュートを決めて得点をする経験を単元の中で味わえる子どもは限られていました。また、サッカーでは、体格が大きく異なる男女が思い切って身体を動かして運動すると、男子が蹴った強いボールが女子の身体に当り、以後、その女子のプレーは消極的になることがありました。

　もちろん、どちらの運動も、様々な手立てを工夫し、なんとかしてみんなで楽しめるよう、授業の改善を試みたよい実践例も多く見られます。しかしその一方で、男子は手加減をしてボールを蹴るように指導したり、バスケットゴールのボードに当てることで得点を認めるといったルールへの変更をしたりと、本来の運動の在り方を制限してしまうような手立てが見られたのも現実です。

①みんなに得点機会！

　タグラグビーは、簡単に例えるならば、ボールを持ったタグとり鬼と言えます。鬼ごっこの要素を多分に含んでおり、その鬼ごっこ自体は、子どもたちの大半が小さい頃から経験している運動です。鬼でなければ、タッチされないように相手をかわす。鬼であれば、捕まえるために相手を追いかけてタッチする。この鬼ごっこの動きは、まさにタグラグビーの基本中の基本であり、どの子にとってもとり組みやすい動きです。

　また、得点場面では、これまでのボール運動に比べ、特別な技能を要

さず、ただボールを持ってコートの横幅全体のどこかに走り抜けるだけです。このことは、ゴールの広さが限られているこれまでのボール運動に比べ、より多くの子どもに得点機会が生まれます。過去の実践を通してみても、単元の中でトライする経験が1度もできない子はまずいません。全員に得点機会が生まれる点は非常に大きな魅力です。

②ボールが怖くない！　接触も怖くない！

　タグラグビーのゲームの中で飛び交うボールは、シュート場面や前方へのパスがないこともあり、味方へつなぐパスが中心となり、力任せのシュートやパスは見られません。このことは、シュートやパスされたボールが自分に飛んできて、身体にぶつかるということ自体が起こりにくくなります。サッカーなどにおいてゴール前で守備をしている子が、強烈なシュートでボールが身体に当たって痛い思いをしたり、当たるのを嫌がってシュートをよけたりする姿が見られなくなります。

　また、相手の攻撃を阻止するための守備はタグをとることで行えます。

　さらに、タグラグビーでは、そもそも接触プレー自体がルールで制約されているので、身体接触も起こりません。体格差、男女差があっても、安心して全員が運動できるのです。

③汗びっしょり！

　前述の通り、タグラグビーは鬼ごっこの要素を多分に含んでいます。鬼ごっこでは、常に走り回っており、ほとんど休むことがありません。数分間、適度な広さで鬼ごっこを行えば、子どもたちはみんな汗びっしょりになり、息を切らしてその場に座り込む姿も見られます。タグラグビーも同様で、プレーの連続性が高く、運動量が非常に豊富であるという運動特性があります。ボールへの怖さ、接触への怖さもなく、誰にでも得点機会があることから、子どもたちの運動にとり組む積極性は高くなり、

結果として、タグラグビーによる運動量は十分に保証されます。

　これまでのボール運動では、地域のスポーツクラブに通っている子も多くいることから、運動の経験者と未経験者との差が大きく、体育の授業の中で技能の高い経験者を中心としてゲームが進んでしまうこともありました。その点で言えば、タグラグビーの経験者はほとんどいないので、どの子も同じスタートラインに立てます。安心して運動にとり組めるので、どの子にとっても十分な運動量が確保されます。

④ ルールは単純！

　タグラグビーの実践を初めておこなう人にとっては、「ルールが単純！」という言葉に違和感を覚えるかもしれません。「スローフォワード」（前方へのパスはしてはいけない）、「ノックオン」（ボールを前方に落としてはいけない）といったラグビー特有のルールが、子どもたちにとって、教える側にとっても難しい印象があるからです。しかし、実際には、段階に応じて指導をしていけば、児童はすんなりとルールを受け入れ、まさに、ボールを持った鬼ごっこ的な感覚で、タグラグビーに没入できるようになります。

　ルールの工夫で大事なことは、子どもたちの実態に応じてよりスリリングで、白熱したゲーム展開になるよう子どもたちと相談しながらおこなっていくことです。そして、タグラグビーの特性を失わないことです。前方へのパスを認めてしまうようなことは、特性を失ってしまうので避けなければなりません。

■授業の実際
①チーム力を高める

　タグラグビーは授業が進んでいくと、個人プレーだけでは状況を打開できなくなってきます。上手な子の個人プレーは、授業のはじめのほうに見られますが、守備側はすぐにその子に狙いを定めてタグをとりに来

るようになります。タグをとられたら味方にパスをし、その後タグをつけ直すためにその子は、すぐにはプレーに参加できません。その間も、その子抜きにプレーは連続していきます。つまり、チーム全員で力を合わせていく必要性が、ゲームの様相が高まると自然に出てくることになるのです。

チームの所属感を高めるためにチームカラーを大事にし、学習カードの表紙もそのチームの色にしたり、チーム名にも生かしたりしました。また、学習カードには写真などを活用し、カードを使用しないときは常に教室内の対戦表の横に掲示しました。さらに、ゲームの開始時には「気合いタイム」と称し、チーム全員で肩を組ませ、チームで考えたかけ声で気合いを入れてゲームに臨ませました。

▲チームの色の学習カード

▲チームで話し合い

▲さあゲームだ！

②学習の工夫

作戦タイムの際、ゲームの結果や印象だけで話し合いが進むことが多く見られました。ゲームに勝っていれば楽観的になり、あまり内容の濃い話し合いとはならず、また、負けている場合でも、感情的な意見が多く、次につながる話し合いがおこなえていないといったケースが見られます。そこで、自分たちで参考となるデータをとり、そのデータを生かして作戦タイムの話し合いをおこなうようにしていきました。

触球数データをとると、およそ、次のことが読みとれるものです。

1）誰が何回ボールに触ることができたか。

2）誰が何回トライすることができたか。
3）誰から誰へパスがつながったか。
4）どこでパスが失敗したか。

このような読みとりを作戦タイムで生かしていくことで、話し合いが深まっていきました。また、結果的に、ボールに触れる機会が少ない子がいることにも自然に気がつき、どのように動いたらいいか、どのように動いて欲しいかをアドバイスしたり、練習の中で教えてあげたりする姿も見られるようになりました。

これを実践で活用するためには、簡単なオリエンテーションを開き、理解させる必要があります。そして、タグラグビーのゲームの中で実際にデータをとっていけるよう、オリエンテーションの「試しのゲーム」の中で、触球数データのとり方を丁寧に確かめていくとよいでしょう。

1. ゲームの記録　ふじ組

平成19年　□月□日□曜日□時間目　対戦チーム

2. ゲームの分析表

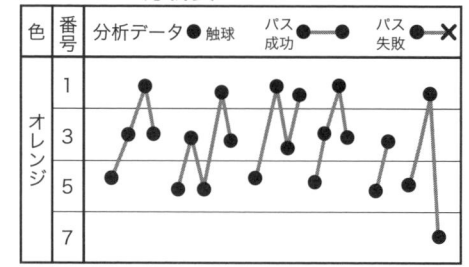

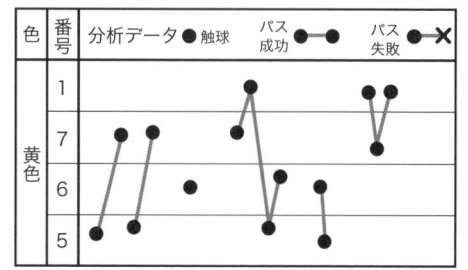

▲ゲームを見ながらデータをとる

③ 段階的な指導

高学年の児童は、すでにラインサッカーやポートボールなどの学習をしています。これらのボールゲームでは、前方へのパスが禁止されていないため、スローフォワードのルールがあるタグラグビーの学習において、単元当初は子どもたちにとまどいが見られます。金魚のフンといった準備運

84

動をおこなって、常に後ろへパスをするという感覚を養っていきました。また、ゲームの中で、「ボールを持っている人の後ろを追いかける！」といった合言葉を意識させ、受け手がボールを持っている子より前に行かせないようにもしました。そうすることで、受け手が前にはいないので、自然とパスは後方へのパスに制限されていきます。

　また、これまでのボール運動では、前方へすばやくパスを出して攻めたり、守備をされた時点で攻守がすぐに入れ替わったりするボールゲームを学習しているので、子どもの多くはパスへの意識が強かったり、タグをとられそうになるとあわててパスをしようとしたりする傾向が見られました。タグラグビーでは、タグをとることが守備側の第1歩になりますが、その時点ですぐに攻守が入れ替わるわけではなく、攻撃側はその後もパスをつなぐことが許されています。まずは、「ボールを持ったらタグをとられるまで前に進もう！」という合言葉を意識させて積極的に前方に走らせ、タグをとられてから落ち着いてパスをするよう指導していきました。

④実態に応じたルールの工夫

　はじめて楕円形のボールを扱うので、まだボールの扱いに慣れていない時期には、ボールを前に落としてしまう子が見られました。この段階ではノックオンのルールを緩和し、ボールの扱いが上達した段階にきて、「わざと前に落として進むことはおもしろくない」「前方へのパスと同じだよ」という子どもたちの声を生かし、ノックオンルールをとり入れていきました。

　また、はじめはパスミスが目立つので、タグをとられた回数で攻守交替するルールをとり入れず、パスを失敗して相手にボールが渡るかトライするまで攻守交替を行わないルールでスタートしました。ゲームに慣れてくるとパスミスが少なくなり、守備側は何度タグを取ってもボールを奪うことはできないため、攻撃側に有利なゲームの様相が見られました。子どもから、「何度タグを取って

も守れないからつまらない」といった声が出てきた段階で話し合いながら、何回タグをとられたら攻守交替をするかルールを工夫していきました。攻撃・守備のどちらのときもスリリングなゲームになることを基準とし、はじめは5回からスタートしましたが、最終的には3回まで減らしていきました。

⑤作戦を拡げていく・生かしていくアドバイス

単元の前半であるねらい1の段階では、カットインやスワーブ、チェンジオブペースといった個人による工夫した動きが見られていきました。拡げていきたい動きが見られたら、ゲーム中や授業の終わりのふり返りの時間で誉めたり、紹介したりして価値付け、共有化を図りました。また、学習の後半であるねらい2では、とばしパスやクロス攻撃、T字ディフェンスなどの仲間と協力した攻守の動きが見られるようになります。チームで簡単な作戦を考えゲームに生かしていけるように、児童の中から出てきた作戦はもちろんのこと、子どもから自然に生まれにくいくるり攻撃のような作戦についても、掲示物を作り、視覚的に分かる方法で紹介していきました。

作戦タイムでは、積極的に中に入りアドバイスしました。単元の前半では、子どもは自分たちでとった触球数データを十分に読みとれず、作戦に生かせていない場面が見られました。その場合は、触球数データの読みとり方を話し、どう作戦に生かしていけるか指導をおこないました。また、チームが考えていった作戦については、事前に作戦カードに記入させ、学習カードに添付させておき、限られた時間の中でスムーズに作戦会議ができるようにしました。

▲作戦タイムでの教師の指導

▲とばしパス

▲くるり攻撃

▲クロス攻撃

▲T字ディフェンス

◆単元計画

	1	2	3	4	5	6	7
学習計画	オリエンテーション ・ねらいや学習の流れを知る ・準備運動に慣れる ・試しのゲーム ・触球数のとり方の確認。	**ねらい1** 今できる動き方でタグラグビーを楽しもう。 《個人で相手の守りを破る動き》 カットイン、スワーブ、チェンジオブペース			**ねらい2** 工夫した動き方を加えてみんなでタグラグビーを楽しもう。 《仲間と協力した攻守の動き》 とばしパス、くるり攻撃、クロス攻撃、T字ディフェンス、ラインディフェンス		学習をふりかえる

時間	学習の流れと主な活動	□指導　■評価
1	**オリエンテーション** ○ねらいや学習の流れを知り、単元の見通しをもつ。 ○役割を確認する。 ○学習の進め方やルールについて話し合う。 ○ボールやタグを使った様々な準備運動をおこなう。 ○試しのゲームをする。 ○ふりかえりをする。 ○整理運動をおこなう。	□ＤＶＤを活用してオリエンテーションをおこなう。 □ボールやタグを使った準備運動を紹介する。 □触球数データのとり方を試しのゲームで確認する。 ■意欲をもち、進め方やゲームの仕方が分かる。
2・3・4	**ねらい1** ○準備と準備運動をする。 ○ゲームⅠをする。 ○作戦タイム ○ゲームⅡをする。 ○ふりかえりをする。 ○整理運動をおこなう。	□「ボールを持っている人の後ろを追いかける！」「ボールを持ったらタグをとられるまで前に進もう！」の合言葉を意識させる。 ■タグをとられるまで積極的に攻めることができる。
5・6・7	**ねらい2** ○準備と準備運動をする。 ○作戦タイムⅠをする。 ○ゲームⅠをする。 ○作戦タイムⅡをする。 ○ゲームⅡをする。 ○ふりかえりをする。（第5・6時） 　学習の反省をする。（第7時） ○整理運動をおこなう。	□様相をみてノックオンやタグをとる回数によって攻守交代をするルールを子どもと相談の上でとり入れる。 □作戦の資料を掲示したり、チームのよい作戦を紹介したりして作戦を拡げる。 □作戦タイムで触球数データなどを基に話し合わせ、ゲームに生かしていけるよう声をかける。 ■作戦を意識しながら、積極的に攻めることができる。

■実践をふりかえって

　今回の実践は、高学年になって初めてタグラグビーを行った実践です。タグラグビーの魅力で書いたように、高学年のボール運動を私自身数多く指導してきましたが、これまでのボール運動では、一部の子どもだけが汗をかき、一部の子どもだけが得点の喜びを味わっていました。ボールを避け、プレーに関わらないようにしようとする消極的な子や、単元を通して得点する経験ができない子を、運動の特性を損なわず、いかになくすかが自分自身の大きな課題でした。

　実践を始める前は、ラグビー特有のルールを難しく感じ、子どもたちにとっても、指導をする側にとっても難しいのではないかと、正直、抵抗がありました。しかし、適切な指導を積み重ねていけば、はじめの不安が嘘のように子どもたちはタグラグビーに没入していきます。全員が毎時間汗だくになりながら身体を動かし、単元を通してどの子も得点の経験が得られるタグラグビーは、高学年においてとても魅力的な運動でした。

～中学年でタグラグビーを学習した6年生の授業～
大庭紀之先生（山口県山口市立良城小学校）

■はじめに　～2度めのタグラグビーの学習にあたって～

　本学級の子ども（39人、特別支援学級2人を含む）たちは、本単元が6年生になって初めてのボール運動の学習でした。これまでの学習で、グループで練習の場を工夫したり、アドバイスをしたりすることを学んできています。

　本単元に入る前の事前アンケートでは、ボール運動が好きな子どもが多く、理由としては、「勝つと嬉しい」「得点が入ると楽しい」「自分のめあてができると嬉しい」などがあげられました。しかし、技能面で特別な技能が必要なため、どうしても個人差が出てしまい、「ボールが上手に投げられない」「強いボールが打てない」「ドリブルをするのが難しい」「シュートがなかなか入らない」「ねらったところへボールを運ぶことができずに作戦を有効に遂行することが難しい」と感じている子どもたちも多かったようです。

　このような子どもたちは、特別な技能を必要とせず、今もっている力で、誰にでも得点できる可能性があるボール運動の楽しさを味わわせることで、よりボール運動を楽しめる子どもが育つと考えました。

　子どもたちは4年生のときに一度、タグラグビーの授業を経験しています。そのときに、ほとんどの子どもたちが得点を挙げ、ボールを抱えて走ればいい『やさしいボール運動』であるタグラグビーのよさを実感し、楽しさを感じています。そのような子どもたちに高学年としてさらに、タグラグビーを楽しんでほしいと考えました。先に課題としてあがった、『作戦の遂行』がタグラグビーの場合、ボールを抱えて走ること、リスタート時は相手に邪魔されないこと、から実行が容易です。

　そこで、4年時の学習を発展させながら、「自分のチームの特徴に応じた作戦を立て、チームの作戦に基づいた位置どりやボール操作によって得点できるようにする」ことをねらいとして授業を展開していきました。

■授業の実際（1～2時間目）
①オリエンテーション

子どもたちは、4年生の授業でタグラグビーを経験しています。そこで、オリエンテーションでは、ラグビー協会から出されているDVDを使用し、4年生時に経験したタグラグビーのイメージを思い出させながら、誰もが基本のルールや学習の進め方が共通に理解できるようにし、ゲームに対する興味をもつことができるようにしました。

そしてチーム作りに入りました。ゲームにおいてチーム作りは大切な要素の一つであると思います。いつも同じチームが勝ったり、逆に負けてばかりだったりすると楽しくありません。勝敗の未確定性を保てるように、チーム間は力が同じに（等質）、チーム内は男女が混じるように（異質）作りました。その際チーム力を高めるためにも、チームは最後まで変えないことを子どもたちに告げ一緒にチーム作りをおこないました。本学級は39人でしたので、6チーム（1チーム6～7人）にわけました。チームごとに役割を決め、仕事

▲円陣パス

の内容について確認しました。

その後、学習のねらいや進め方、学習カードの記入の仕方、準備の仕方等を確認しました。残った時間が少しだったので、円陣パスをおこないました。

4年生時に経験していたので、ほとんどの子どもが下から両手でやさしいパスをすぐにすることができました。次の時間から準備のできたチームごとに円陣パスを準備運動としておこなっておくように指示を出しておきました。

2時間目は、コート等の準備ができたチームから円陣パスをしていました。そして、タグラグビーに必要な動きである、タグとり鬼、ボール集め競争、三角パスをおこないました。楕円形のボールを楽しそうに触り、上に投げて取ったり、パスした

りする姿が多く見られました。

　一度経験しているのでゲームの仕方をみんな理解しており、2チームを代表としてジョグ程度の速さでゲームの仕方・ルールを確認し、その後全チーム試しのゲームをおこないました。

　授業後のアンケートでは、ボールに触れなかった子どもは一人もいませんでした。全員が「楽しかった」「次が楽しみ」の項目に○をつけていました。チームの中には試合開始時に円陣を組み掛け声をかけているチームもありました。すばらしいことなので、価値付けて、その後全部のチームが掛け声をかけて試合に臨むようになりました。

▲がんばるぞ、オオ！

②活動1（3〜5時間目）

　活動1では、子どもの今もっている力で、総当たり戦のゲームをおこないました。ドリブルやシュートといった難しい技能を必要とせず、ボールを持って走ればゲームができるため、技能差が少なく、今もっている力で、誰にでもできるやさしいゲームを楽しむことから学習をスタートしました。総当たり戦の初日（本単元3／10時間目）は、意欲を持って今後の授業にとり組んでほしいので、ノックオン、オフサイドなどのルールを緩和することで、反則によるゲームの中断を少なくしたり、心理的な不安を軽減したりして、だれもが積極的にゲームに参加し、ボール運動の楽しさを味わうことができるようにしました。この日（2試合）だけで、クラスの半数以上の子（39人中23人）がトライをあげることができました。タグラグビーの魅力を現実化できた証拠だと考えます。

　今回の授業は既に4年生時に一度タグラグビーを経験している子どもたちが対象です。そこで、よりタグラグビーの持つ魅力を味わってほし

いと考え、今回の授業は作戦面に重きを置きました。ルールについては、作戦をチームで重点的に考えられるように、子どもたちの実態を見ながら試合後に話し合いをおこない、変更・追加していきました。その際に、子どもから意見等が出なかった場合は、教師サイドから作戦面が重点的な学習内容になるように話し合いをリードしていきました。

　子どもたちは、やはり得点をあげることが楽しいので、DVDでみた攻め方や、教師サイドから提示しておいた攻め方の例示から、自分たちでできそうな攻め方を選んだり、考えたりして試合をおこなっていました。4時間目からは、準備運動が終わったチームから、空き缶を利用した作戦ボードを活用し、自分のチームの特徴を生かした作戦を考えたり、みんなで作戦を理解したりしようとする姿が見られました。

　考えた作戦には名前をつけさせ、チームの宝物にしていきました。そしてよい動きや作戦はみんなの前で紹介し賞賛することで価値付け、クラスの中に広めていけるように心が

けました。

　活動1で総当たり戦のリーグ戦をおこない、5時間目には全チームが5試合終わりました。チームを均等に作ったつもりですが、やはり差ができてしまいました。この時点で1勝（0勝2分け2敗）もできていないチームが1つありました。そのチームから、活動2で対戦したいチームを選ばせました。自分たちが勝てそうなチームに対戦を申し込み、申し込まれたチームが承諾すると次から対戦することを確認しました。

　活動1終了の時点でトライをあげた子どもは、39人中36人でした。作戦面を学習内容にしたかったため、ルールに早くからノックオンをとり入れたことなどの影響で、運動が得意でない子どもがまだトライできないでいました。

▲どうやって攻めるかな？

③活動2（6～8時間目）

　教師は、まだ勝てないでいるチームとトライをあげていない子どもに積極的に関わるようにしました。勝てないでいるチームには、守り方の工夫をアドバイスしたり、攻め方のポイントをアドバイスしたりしました。試合中も動き方や効果のあった攻め方について、積極的に声掛けをおこないました。トライごとに試合に出ていない子どもも歓声を上げ、チームが一体となっている姿をみることができました。結果は見事初勝利をあげ、男女関係なくチームのみんなで手をとり合い喜んでいました。その陰で、負けたチームはさっそく反省を始め、次は勝てるように話し合いを真剣にしていました。

　トライをあげていない子どもには動き方を指示したり、自信を持てるように賞賛の声かけをしたりすることを中心に個別指導をおこないました。7時間目までに全員がトライをあげることができました。初めてトライをあげた児童はその日の学習ノートに「やっとトライをあげることができた。なかなかトライができない私に、チームのみんなが応援をしてくれた。運動が得意な○○くんが、俺の後ろについてこい。タグをとられたら、ななめに走ってきたらいい。パスを少し遠目にするから。と言ってくれた。何度かチャレンジしたときついにそのときがきた。ボールをもらってとにかく前に走った。トライ、トライという声が聞こえる。ボールを置いた。トライだ。ついにやった。運動が苦手な私がトライだ。嬉しい。・・・（以下略）タグラグビー

▲トライめざして走る走る！　　▲男の子にだって負けないよ！

の授業がもっとあればいいのに。」と綴っていました。読んでいる私のほうが嬉しくなりました。

　この頃になると、わざとタグをとらせるなどの作戦やタグをとられる前に味方にパスをつなげるなど動き方も高度になってきました。続けて勝つチームもなく、勝ったり負けたりと試合もよりスリリングなものへ変容してきました。

④活動３（10時間目：タグラグビーフェスティバル）

　子どもたちで計画・準備をおこない実施しました。開会式では選手宣誓をおこない、主催者挨拶として私が挨拶をおこないました。活動２まではセルフジャッジでおこなっていましたが、大会ということで審判などの役割も決めていました。タグラグビーのまとめとして子どもたちは楽しめたようでした。

⑤単元全体を通して

　本単元では審判をセルフジャッジにしました。学年やねらいによっては、審判をつけたり役割分担をしたりすることも大切だと考えます。しかし今回は、子どもたちがゲームに出場する機会をできるだけ確保し、自分で自分のプレーを判断し、フェアプレーでゲームを楽しむ子どもを育てたいと考えセルフジャッジでおこないました。

　6チームが3コートに分かれて同時に試合をおこなったことで、1日に各チームが2試合おこなうことができました。タッチラインから出たか出ないかでもめたこともありましたが、試合に出ていない子どもたちが公平に審判役をおこなったり、お互いにはっきりしていたときには、自主的に申告したりと、ゲームを楽しむために自然とフェアプレーになっていきました。

　運動場にはルールの変化や今までの作戦を常に掲示し、子どもたちが学級全体のよさとして共有できるようにするとともに、子どもたちがルールや作戦を工夫するときの参考になるようにしました。

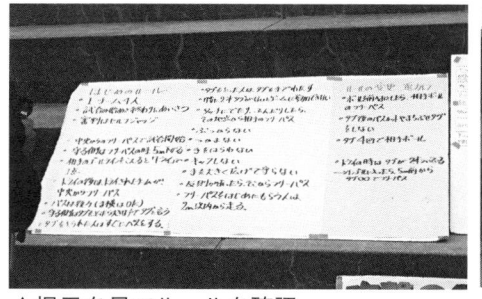

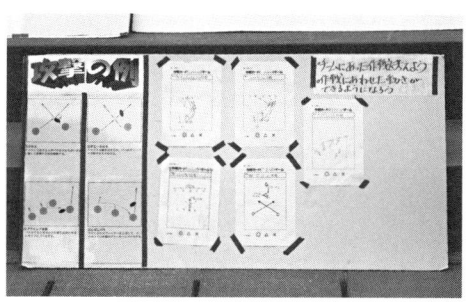

▲掲示を見てルールを確認　　　　　　　　　　▲いろいろな攻め方の例の掲示

■実践をふりかえって

　今回の実践は、4年生時に一度タグラグビーを経験した6年生のものです。そこで、作戦に重点を置き早い段階からルールを少し厳しくしていった結果、作戦や動き方は大変高度なものとなり、レベルの高い試合が展開されるようになりました。けれどもそれ故、タグラグビーのもっともよい点である、『やさしさ』が少し薄れたようにも感じました。運動が得意でない児童にとって果たして本当に楽しめるやさしいゲームであったかどうか、反省の余地があります。

　やはりもっとも大切なことは「今、目の前にいる子どもを見る」という事です。子どもの実態に合わせ、ゲームを作っていくことこそ教師の役割だと考えます。子ども達が違えば、今回と同じような計画でもよいかもしれませんし、逆に難しすぎるかもしれません。これからさらに実践を積み重ねていきたいと思います。

◆単元の計画（全10時間）と本時案

時間	学習の流れと児童の主な活動	□指導　■評価
1・2	オリエンテーション ◇ボールやタグに慣れよう ・ねらいや学習の道すじを知る。 ・チーム（チーム間等質、チーム内異質）を作り、役割、準備物を確認する。 ・基本のルールや学習の進め方について話し合う。 ・ボールやタグを使った準備運動になれる。 ・試しのゲームをする。	□DVDを使って、学習の進め方やゲームの仕方を説明し、次時から自分たちで学習が進められるように、計画や役割を確認する。 ■タグラグビーに意欲をもち、学習の進め方やゲームの仕方がわかる。
	活動1 ◇今もっている力で簡単なルールでタグ・ラグビーを楽しもう （リーグ戦）	□準備表、対戦表やゲーム計画を掲示し、スムーズに準備やゲームが進行できるようにする。

時	学習活動	指導上の留意点(□)と評価(■)
3・4・5	・準備運動をする。 ・ゲーム1をする。 ・作戦タイムをする。 　ゲーム1をふり返り、ゲーム2につながるように話し合いをする。 ・ゲーム2をする。 ・チームでの反省 　次時にどのようなプレーがしたいか、今日のルールはどうであったかなどについてふり返る。 　学習カードに記入する。 ・まとめ 　全体でみんなが楽しめるためのルールの変更や確認をする。	□今もっている力でゲームが楽しめるように、ボールをもったらパスをせずまず前に走る。タグをとられたらパスし、ボールの後ろ(ボールをもっている人のおしりが見える位置)に回ることを意識できるように声かけをする。 □みんなが楽しめるために、ルールを毎時間確認し、子どもの実態に即したルールを作る。 ■今もっている力で、ゲームを楽しむことができる。
6・7・8・9	活動2 ◇チームに応じた作戦を立てて、ゲームを楽しもう。 (対抗戦) ・チームタイム(作戦会議・練習)をする。 　チームのめあてと個人のめあての確認をする。 　チームの作戦や課題に合わせて、練習をする。 　例：1対1トライ合戦、クロス攻撃、ロングパス&キャッチ ・ゲーム1をする。 　同じぐらいの力のチームや対戦してみたいチームとゲーム1(前半)、ゲーム2(後半)をおこなう。 ・作戦タイムをする。 　作戦を考え直したり、アドバイスをしあったりする ・ゲーム2をする。 ・チームでの反省をする。 　作戦のふり返り(有効性、修正、次時にむけて)をおこなう。 　学習カードに記入する。 ・まとめ 　作戦が成功したチームやいいプレーを紹介し、クラスの財産とする。	□ねらい①でつかんだ自分のチームの特徴をもとに作戦を立てることができるように助言する。 □作戦や、練習方法の参考になるように、いくつかの作戦例や練習例を示しておく。 □よい動きがつかめていないチームには指差ししながらよい動きを教えたり助言したりすることで、よい動きのイメージをつかむことができるようにする。 □話し合い活動が停滞しているチームには、有効だった作戦やよかった動き、改善点などの話題を提供し、活発な話し合いができるようにする。 □同じ相手とゲームをすることで、自分たちの作戦のよかった点、相手の作戦のよかった点をふり返り、次のゲームに生かす。 □チームの作戦に名前をつけたり、うまくいった作戦には○をつけて自分たちのチームのよい作戦としてカードに記録を蓄積したりすることで、作戦に対する意識を高める。 ■チームの作戦をもとに、進んで楽しく練習やゲームにとり組んでいる。
10	活動3 ◇タグラグビーフェスティバルを開こう。 ・開会式をおこなう。 ・チームタイム(作戦会議・練習)をする。 ・トーナメント戦をおこなう。 ・表彰式をおこなう。	□マニュアルを用意したり、実行委員会を組織したりして、子どもたちの手で運営できるように励ます。 ■みんなと協力して、タグラグビーフェスティバルにとり組んでいる。

本時案(8/10)

(1) ねらい…自分のチームの特徴に合わせた作戦を考え、チームの作戦に合わせた個人の動きを高めることができる。

(2) 準　備…タグ・ラグビーボール、タグ、腰ベルト、ゼッケン、ストップウオッチ、得点板、カラーコーン、学習カード、作戦板

(3) 展　開

時	学習活動・内容・子どもの意識の流れ	教師の指導○と評価◆
1	1 学習の準備をして、チームごとに準備運動をおこなう。 ・コートの準備 ・タグラグビーに合わせた準備運動	○音楽にあわせて活動するようにし、心と身体をほぐせるようにする。また、時間の使い方が自分たちで分かるようにする。 ◆チームの作戦をもとに、進んで楽しく練習やゲームにとり組んでいる。【関心・意欲・態度】（学習カード・観察）
2	2 チームの作戦と個人のめあてについて話し合い、チーム練習をおこなう。 ・チームの作戦と個人のめあて （足の速い人がいるから、ロングパス作戦はどうかな？） （パスをもらうふりの人も大事だね。） （動きを確認しながら、みんながロングパスをできるように練習しよう。）	○チームのめあてと個人のめあてがうまくかみ合っているチームをとり上げて賞賛することで、めあてを意識したゲームができるようにする。 ○対戦表やゲーム計画を掲示し、スムーズにゲームが進行できるようにする。 ○活動①でつかんだ自分のチームの特徴をもとに作戦を立てることができるように助言する。 ○作戦や、練習方法の参考になるように、いくつかの作戦例や練習例を示しておく。 ○よい動きがつかめていないチームには指差ししながらよい動きを教えたり助言したりすることで、よい動きのイメージをつかむことができるようにする。 ◆ボールを受けやすい位置（おしりが見える位置）に動いてフォローし、状況に応じてパスやステップなどして攻撃することができる。【技能】（観察）
3	3 作戦の工夫をしながらゲームや練習をおこなう。 前半 8分 ↓ ゲームの振り返り・練習 ↓ 後半 8分 ・作戦の有効性 ・作戦の修正 ・作戦に必要な技能	○話し合い活動が停滞しているチームには、有効だった作戦やよかった動き、改善点などの話題を提供し、活発な話し合いができるようにする。 ○同じ相手とゲームをすることで、自分たちの作戦のよかった点、相手の作戦のよかった点をふり返り、次のゲームに生かす。
4	4 今日の学習について振り返る ・作戦の有効性 ・個人の高まり	○チームの作戦に名前をつけたり、うまくいった作戦には○をつけて自分たちのチームのよい作戦としてカードに記録を蓄積したりすることで、作戦に対する意識を高める。

★注意するポイント★

ここでの実践でも述べられているようにタグラグビーには他のボールゲームよりもやさしい面があります。志賀先生は、これまで言われてきたことに加えて、ゲーム中に様々に動くボールが怖くないという面にも目を向けています。

また、4年生で一度タグラグビーを学習している大庭先生のクラスでは、それを基盤にしたとてもレベルの高い戦術を駆使したゲームが展開されていました。このようなゲームの状況まで高まると教師はそれに満足してしまいがちになるのですが、大庭先生はその状況の中でも、そもそもタグラグビーを教える大きな動機となった苦手な子にとってそこでの学習が楽しいものとなっていたのかを自省しています。

タグラグビーに関心を持たれる先生方は、きっと同じことを考えると思います。戦術の学習ばかりが強調される昨今のボールゲームの授業づくりの流れにあって、教師が失いたくない大切なポイントだと思います。

コラム

タグラグビー研究室へようこそ

3　スローフォワードは難しくない

　タグラグビーには、スローフォワードというルールがあります。これは、ボールを保持したプレーヤーが前方へパスすることを禁止するルールです。他のボールゲームは、前方でも後方でも見渡す限りの方向へパスをしてよいことになっていますから、スローフォワードはタグラグビーに特徴的なルールと言えるでしょう。

　このルールを巡って、初めてタグラグビーの授業実践をおこなう先生方から、「スローフォワードは難しいので、初めは前方へのパスを認めてもよいですか？」という質問を受けることが少なくありません。スローフォワードはそんなに難しいものなのでしょうか？

　下に示した図7は、初めてタグラグビーをおこなった3年生の子どもがスローフォワードルールをどのように感じているのかを調査して平均点であらわした結果です。児童は五段階で評定しており、5点に近づくほど「やさしい」と感じていることをあらわしています。図8は、

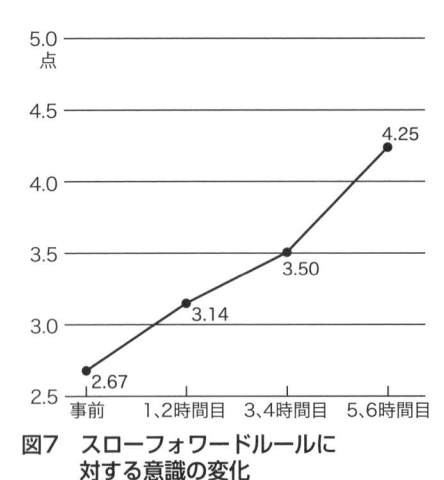

図7　スローフォワードルールに対する意識の変化

図8　スローフォワードの出現率

ゲームでみられたすべてのパスの中で、スローフォワードがどれほど出現したのかを割合で示したものです。

　図7から、事前と1、2時間目は平均点が3点前後であることがわかります。図8からは、1、2時間目は全パスの中でスローフォワードが15.0％出現していることもわかります。つまり、初めてタグラグビーをおこなう児童はスローフォワードルールをやさしいとは感じておらず、スローフォワードもプレー中に何度かみられるのであり、これらのことは、タグラグビーを経験したことのない子どもにとって、当初スローフォワードルールはやさしいルールとは言えないことを示しています。

　しかし図7から、5、6時間目には平均点が4.25点となっていることが、図8から、単元中盤にはスローフォワードの出現率が3％台へと大きく減少していることがわかります。すなわち、学習を進める過程で子どもたちはスローフォワードルールをやさしいと意識するようになり、また、スローフォワードのルールは子どものパスプレーに対して影響を及ぼさなくなるのです。

　これらの調査結果を踏まえて、単元当初は子どもたちがスローフォワードに慣れる手立てを打つことが教師の大切な役割となるでしょう。たとえば、準備運動で円陣パスや金魚さんのランニングパスをおこなったり、ランニング中心のゲームからスタートし、タグを取られてからパスをすればよいことを指導したりするのです。こういった教師の指導により、子どもはすぐにスローフォワードに慣れてしまいます。教師の先入観により、スローフォワードを適用しないことで、ハンドボールと似たゲームの様相になってしまうなど、攻防のバランスが崩れてしまったタグラグビーのゲームをみることがよくあります。タグラグビーにおけるスローフォワードというルールは、教師が考えているほどには子どもたちにとって難しくないルールであることを認識し、必ず適用して授業を実践してください。

4章
③ 授業作りに役立つ資料集

１ 用具

　タグラグビーで使う用具は、タグベルトとタグ、そしてボールです。タグベルトは、子ども用に2種類の長さがあります。

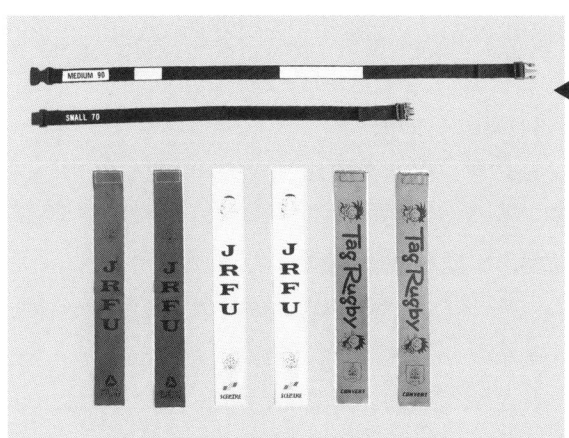

◀ 大人用にさらに長いサイズのものもある。

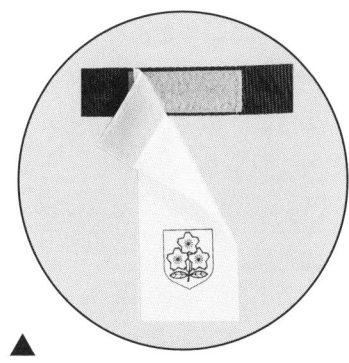

▲ 面ファスナーなのでとるのもつけるのも容易。

▲ タグが腰の左右にくるよう、つける位置を調節。つける位置をスライドできるタイプもある。

　いずれも、プラスチックのバックル位置を移動させることで長さの調節ができます。

　タグは、赤、青、黄、緑など色づけされていますので、チームごとに色分けします。

　タグは、面ファスナー（ワンタッチテープ）につけます。

ボールは、ラグビーと同じ楕円球を使います。4号球と3号球という2つの大きさ（サイズ）があります。高学年は4号球を、中学年以下は3号球を使うとよいでしょう。

　タグラグビーではボールをキックしないので、タグラグビー用のボールは、キックすることを前提に作られていません。ボールを大切にするため、ゲーム以外のときでもボールを蹴らないようにしましょう。

タグラグビーの ▶
ボールはカラフ
ルでデザインも
豊富。

▲
高学年用の4号球（上）と
低・中学年用の3号球（下）。

● タグラグビー用具販売業者

(株)コンバート	TEL	03-3203-4171
	URL	http://www.rugby.co.jp/convert/
(株)スズキスポーツ	TEL	03-3370-8103
	URL	http://www.suzukirugby.com/
(株)セプター	TEL	03-3626-4501
	URL	http://www.sceptre.co.jp/

● 日本ラグビーフットボール協会へのタグラグビー用具貸出依頼

　日本ラグビーフットボール協会では「タグラグビー用具（セット）」についてご希望のある学校（幼稚園、小学校、中学校等）・団体に貸出しをおこなっております。
　詳しくは　http://tagrugby-japan.jp/　をご覧ください。
　お問い合わせ先
　（公財）日本ラグビーフットボール協会　TEL　03-3401-3289
　　　　　　　　　　　　　　　　　　　FAX　03-5775-5034

2　準備運動や授業で使えるタグや
　　ラグビーボールを使った運動遊びの例

　まず準備運動は、タグラグビーのゲームと関連のある動きが含まれた楽しいものがいいでしょう。体育の授業などでは、以下のような楽しい準備運動を、毎時間に1つか2つおこなってからゲームを始めることをおすすめします。

■準備運動のバリエーション

【1対1でタグとり】

右手で握手し、その手を離さないで相手のタグをとります。タグを取ったら、上にかざして「タグ！」とコールします。

【チーム対抗タグとり鬼】

コートの半分の中で、3チーム対抗でタグをとり合います。たくさんタグをとったチームが勝ち。2本タグをとられても、そのまま続けます。

【ボール集め競争】

各チーム1人ずつ走っていって、真ん中にある5個のボールを3チームでとり合います。早く3個のボールを集めたチームの勝ち。中央のボールがなくなったら、他のチームが集めたボールをとってきてもOK。4チームでやるときは、ボール7個でおこないます。中央のボールは少し離して並べます。集めたボールは、チームの足下に置いたフラフープに入れます。

【円陣パス】

チームごとに円陣を作り、各チームでパスを回していきます。30回パスができたら全員が中央に集まってボールを高くかかげ「トライ！」と宣言します。片手パスや、バスケットボールのようなチェストパスではなく、両手で下からパスをおこなうようにします。

【金魚さんのランニング（三角パス）】

3人でおこないます。ボールを持った人が「金魚さん」で、他の2人が「金魚さんのフン」になります。「金魚さん」は自由に走り回りますが、そのとき、「金魚さんのフン」になった2人は、金魚さんの左右の後から離れずにピッタリ付いて追いかけます。

【1対1トライ合戦】

ボールを持った側はトライを、守る側はタグをとることを競います。トライかタグになったら、次のプレーヤーがスタートします。このとき、両手を広げて守るのは反則であること、前に立たれたら、左右どちらかに逃げるしかないことをしっかりと教えましょう。

【金魚さんのランニング＋パス】

走りながら、先頭のボールを持った「金魚さん」が、左右どちらかの「金魚さんのフン」にパスします。パスをもらった人（「金魚さんのフン」）は、前に出て、「金魚さん」になります。最初に「金魚さん」だった人は、パスをした後、後ろに回ります。常にボールを持っている人が先頭を走るようにします。パスをもらったら、まっすぐ前に走ることに気をつけましょう。

他にも、タグやラグビーボール、コートを使って、次のような遊びができますのでいくつかご紹介します。

🔢 タグを使ったゲーム

手つなぎタグとり（2人1組）

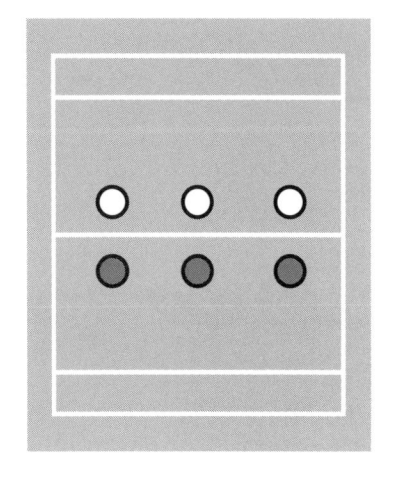

ルール
① 2人組で向かい合ってあいさつをした後、握手をして左手を頭上に挙げる。
② 笛の合図で、相手のタグをとって「タグ」と言って頭上に先に挙げる。
③ タグとりが一緒の場合やタイムオーバーの場合は引き分け。
④ 必ず、タグでなく相手の目を見ながらタグをとる。
目を見ながらタグをとることを強調する。目を見ないと頭がぶつかりケガをすることが多い。

勝敗
- 時間内にタグをとり、「タグ」と言って頭上に先に挙げたら勝ち。

円形タグとり（4人1組）

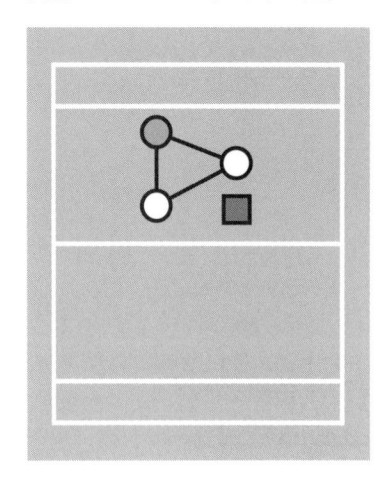

ルール
① 4人組で1人が鬼となる。
② 3名が手をつなぎ、鬼が一番奥の人のタグを取ったら勝ち。
③ 3名は手を離したら負けとなる。
④ 奥の人のタグをとって頭上に挙げ「タグ」と言ったら勝ち。
手をつないでできた円の中を通ってタグをとったらダメ。

勝敗
- 一番奥の人のタグをとったら勝ち。

タグとりヘビ（4人1組）

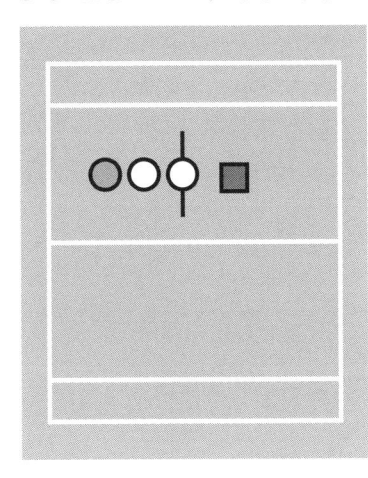

ルール
① 鬼と向かい合って3名が一列に並ぶ。
② 鬼が一番後ろの人のタグをとって「タグ」と言って頭上に挙げたら勝ち。
③ 一番鬼に近い人は両手を広げてじゃまをしても良い。
　列になっている人の手は肩または腰に置く。

勝敗
● 一番後ろの人のタグをとったら勝ち

牛馬ゲーム （2人1組）　自分のゴールへ逃げる。

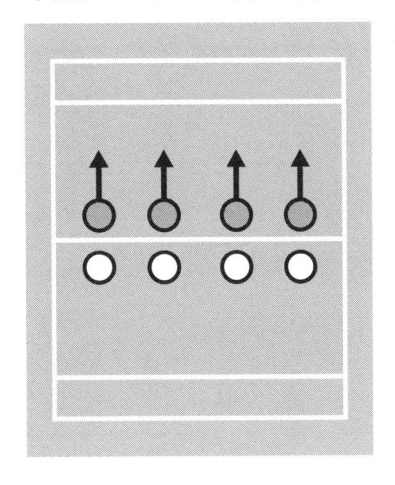

ルール
① 牛と馬を決めて2人組で向かい合ってあいさつをする。
② 握手をした状態の距離で、手を離して体勢をとる。
③ 自分が走る方向を指さし、事故防止のために目標を確認する。
④ 先生に指示された牛か馬かが、自分のゴールへ逃げる。
⑤ 指示されなかった側は、逃げている人のタグをとる。

勝敗
● ゴールまで逃げ切って勝つか、またはタグをとったほうが勝ち

タグとり鬼：個人戦　（コート半分で20名程度が限度）

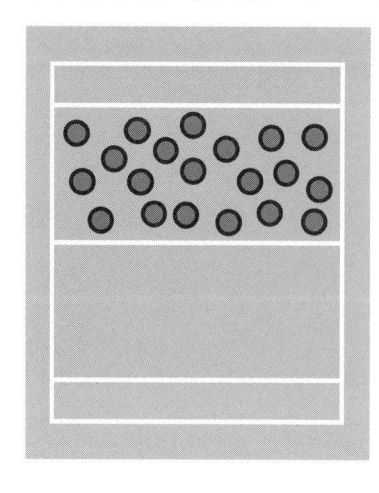

ルール
① コート半分に20人入り鬼ごっこをする。
② タグを2本とって逃げまわる。
　タグは2本までしかとれない。

勝　敗
- 最後までタグをとられずに逃げ切った人が勝ち（タグ4本）。
- タグが合計で3本の人が2位タグ合計2本が3位。
　最初は歩いて〜かけ足と徐々にスピードをあげる。

タグとり鬼：じゃんけんゲーム　（コート半分で20名程度が限度）

ルール
① コート半分に20人程度入り鬼ごっこをする。
② 左手を頭上に挙げ「グー」「チョキ」「パー」に分ける。
③ 自分の勝てる相手のタグをとり、味方にしていく。
　〔例〕「グー」は「チョキ」を捕まえることができ、「チョキ」は捕まったら「グー」になり「チョキ」を追いかける。
　左手で自分が何かをはっきり示しておく。

勝　敗
- タイム制で一番多いチームが勝ち。
- 一番少ないものも、よく逃げきったと言うことで2位。
　最初は歩いて〜かけ足と徐々にスピードをあげる。

2 ボールを使ったゲーム

ボールかタグか（2人1組）

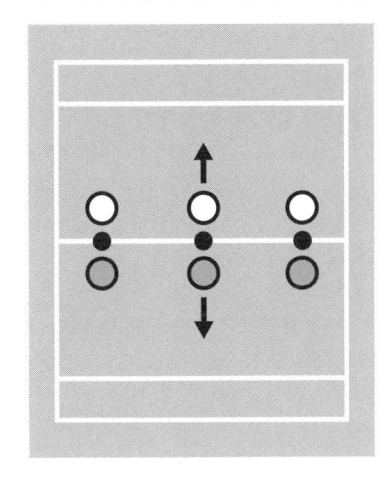

ルール
① 向かい合った2人の間にボールを置く。
② 合図でどちらかがボールをとって自分のゴールに持って行く。
③ ボールを持った人のタグをとる。
　お互いに目を見ながら動きを感じとる

勝敗
- 最後までタグをとられずに逃げ切った人が勝ち。
- タグをとられずに自分のゴールへボールを持って行けば勝ち。ただし、タグをとられたら負けとなる。

1列ボールリレー（チーム対抗）

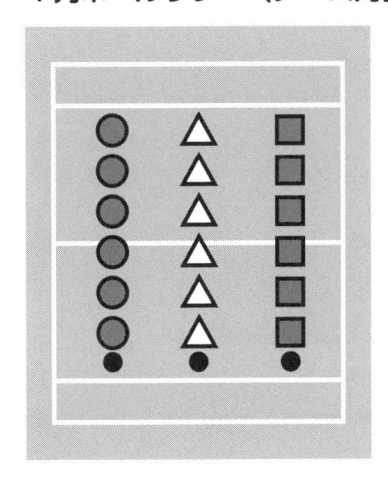

ルール
① チームごとに一列になり、前から後ろへボールを渡していく。
② ボールの渡し方は、足の間・頭上・身体の左右などいろいろな渡し方でつないでいき、また後ろから前に戻してくる。
　ボールの持ち方をきちんと指導する。
　遊びとして、寝ころんだり、足だけでやったりすることも可能。

勝敗
- ボールが早く戻ってきたら勝ち。
- 戻ってきたチーム全員で「トライ」と叫ぶことでまわりに順位を知らせる。

折り返しリレー（チーム対抗）

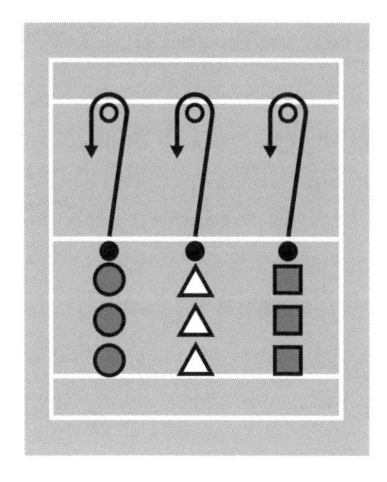

ルール
① チームごとに列を作り、1名ずつスタートしつないでいく。
② 目標をまわってきたら、ボールをパスしてつないでいく。
　次の者がボールをキャッチできない場合は、パスを出した者が、転がっているボールをとりに行く。

勝 敗
● 最後の者が最初にスタートした者へボールをパスして、全員が「トライ」と言ったら勝ち。

パスリレー（チーム対抗）

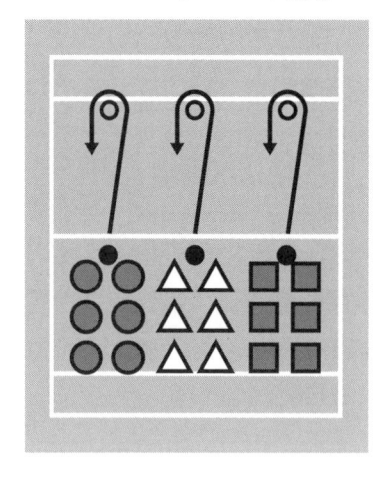

ルール
① 各チーム2列になり、二人ずつパスしながらコーンをまわってリレーを行なう。
② いくつか関所を設けてその場所ではパスを練習する。
　止まってのパスとか、走りながらのパスとか、いろいろなパスの課題を与えることが大切。

勝 敗
● チーム全員が終わって「トライ」と全員が叫んだら勝ち。
　いろいろなパスの仕方があるので課題を与えるときにレベルを考えて実施すると良い。

ハイパス円形移動（チーム対抗）

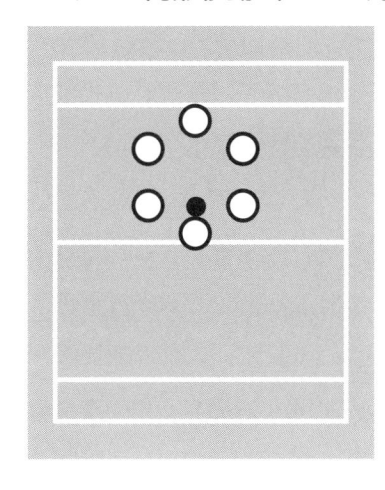

ルール

① チームごとに円形になり、全員がボールを持った状態でボールを頭上にあげる。

② ボールが上がっているとき隣へ移動してそのボールをとる。

③ これを全員が数えながら20回終わったらその場所に「トライ」と言ってすわる。落としても継続して数える。

勝 敗

- 最初に「トライ」と言ったチームが勝ち。
一斉にボールをまわす方法もある。
ボールを2個にしたり、パスやキャッチ方法を変えたりする。

ボールからだまわし

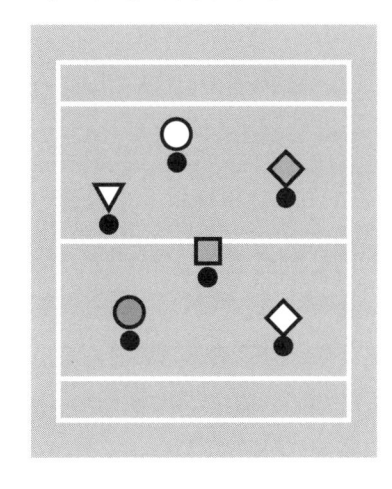

ルール

① 1人で1個のボールを持つ。

② 合図で自分の身体（足首・太もも・腰など）のまわりを、ボールを落とさないようにまわす。落としても継続して数える。

勝 敗

- 決まった回数を早くまわしたら勝ち
首や足の間など、ボールをまわすのが難しい身体の部位に挑戦させレベルを上げることもできる。

3 コートを使ったゲーム

ゴールライン対抗タグとりゲーム

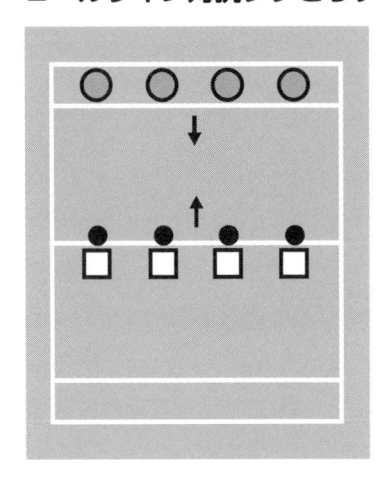

ルール

① コートの半分を使う。加速するので注意する。

② 2チームが攻守に分かれてゴールラインに並び、一斉に相手ゴールに向かって走る。攻撃側はボールを持つ。

③ すれ違う際に、守備側は、ボールを持っている人のタグをとる。
　前進と斜め方向への走りはOKだが、横や後ろに下がると反則で失格になる。

勝敗

● タグをとられずにゴールに入った人の数と、守りのタグをとった人の数で勝敗を決める。

ボール運びゲーム

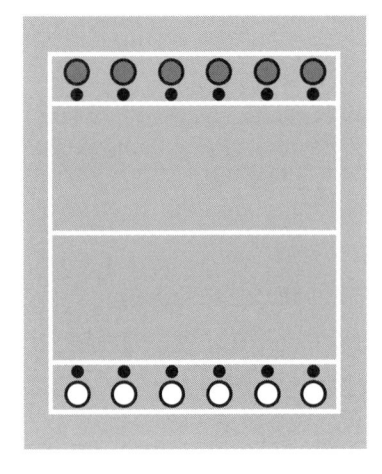

ルール

① 2チームに分かれ、攻撃側はボールを持って相手ゴールに入れば点数が入る。
　ゴール近くに得点板を置いて点数を自分で入れさせる。

② 守備側はコート内に動けるエリアを設ける。その中を自由に動きながらタグがとれる。エリアから出てタグをとった場合は返す。

勝敗

● タイム制で点数が多いほうが勝ち。

通りぬけエリアゲーム（初心者及び幼児用）

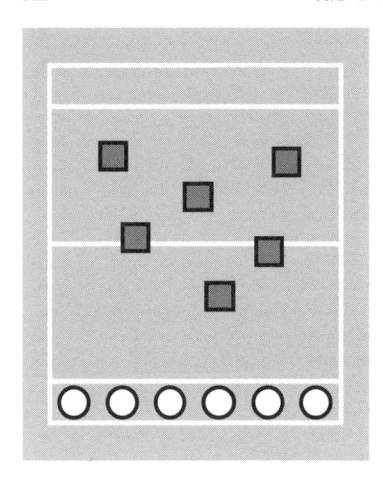

ルール

① 2チームに分かれ、攻撃側はボールを持って相手ゴールに入れば点数が入る。
　　ゴール近くに得点板を置いて点数を自分で入れさせる。
② 守備側はコート内に動けるエリアを設ける。その中を自由に動きながらタグがとれる。エリアから出てタグをとった場合は返す。

勝敗

● タイム制で点数が多いほうが勝ち。

通りぬけエリアゲーム

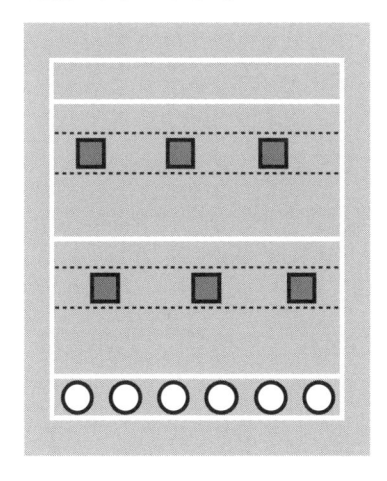

ルール

① 2チームに分かれ、攻撃側はボールを持って相手ゴールに入れば点数が入る。
　　ゴール近くに得点板を置いて点数を自分で入れさせる。
② 守備側はコート内に動けるエリアを設ける。その中を自由に動きながらタグがとれる。エリアから出てタグをとった場合は返す。

勝敗

● タイム制で点数が多いほうが勝ち。

コラム

タグラグビー研究室へようこそ

4 みんながトライできる

　ボールゲームのおもしろさは、得点を取り合う攻防にあります。体育授業の限られた時間の中で、多くの子どもが得点する喜びを味わって欲しいと願うのは、先生方に共通したことでしょう。そのために、先生方はさまざまなルールの工夫をおこない、サッカーやバスケットボールの授業を実践していることと思います。ところが、その甲斐もなく授業後、悲しげな表情とともに「今日も得点できなかった…」という子どもの声を聞くことは少なくありません。

　ゴール型と呼ばれるボールゲームのほとんどは、コートの中央にある決められた枠の中にシュートを決めなくては得点できません。バスケットボールを例にすれば、仲間からのパスをキャッチし、リングに体を向き直して、ディフェンスをかわしながらすばやくシュートをするという、シュートを枠に入れる前段階に技術的な難しさが存在します。これらのことから、すべての子どもに得点の喜びを味わわせるのは至難の業となっています。

　一方タグラグビーは、多くの子どもがトライをする喜びを味わえるボールゲームとして注目されています。その理由として、タグラグビーにはシュート局面がなく、ボールを抱えてインゴールに走り込めばトライとなり得点できることが挙げられます。

　図9は、3年生において各6時間単元で実施したタグラグビーとポートボールにおける総得点の違いによる人数の割合をあらわしたものです。どちらのボールゲームも、1単位時間に10分間のゲームを2回実施しています。

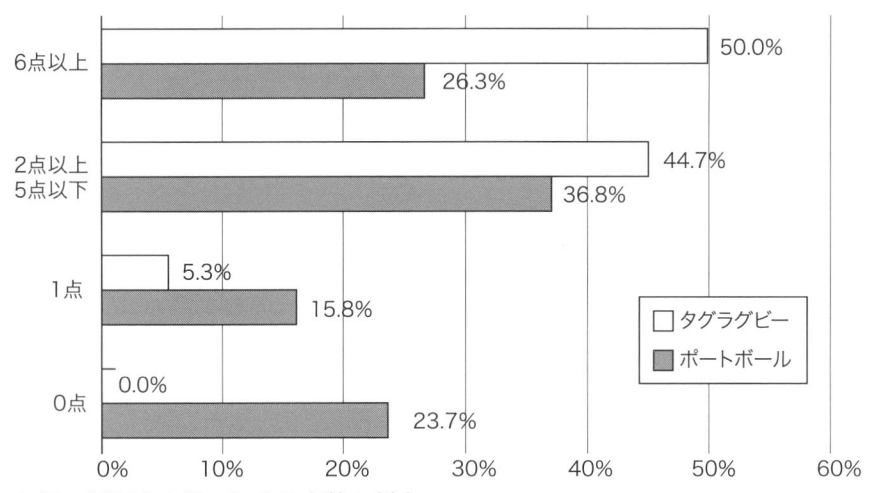

	タグラグビー	ポートボール
6点以上	50.0%	26.3%
2点以上5点以下	44.7%	36.8%
1点	5.3%	15.8%
0点	0.0%	23.7%

図9　総得点の違いによる人数の割合

　ポートボールでは、ゴールマンが動きながら仲間のシュートをキャッチしてくれます。つまり、ポートボールはバスケットボールのシュート局面をやさしくしたボールゲームといえます。ところが、単元を通じてシュートを決めることができなかった子どもが4人に1人いることがグラフからわかり、これらの子は得点する喜びを味わうことができずに学習を終えています。一方タグラグビーでは、単元終了までに得点できなかった子はおらず、6点以上得点した子は半数であることがわかります。これらの結果は、シュート局面をやさしくしたポートボールよりもシュート局面のないタグラグビーのほうが、多くの子どもに得点する喜びを味わわせる可能性があることを示しています。

　もちろん、得点の仕方が難しいサッカーのようなボールゲームでは、1点を獲得した喜びは大きいものです。またバスケットボールでは、リングに吸い込まれるようにしてシュートが決まると気持ちがよいものです。このように、それぞれのボールゲームの得点シーンには異なったおもしろさがありますし、子どもが学ぶべき大切な学習内容の一つであると思います。しかしながら、体育授業において得点をめぐる攻防のあるボールゲームを初めて学習する中学年の子どもたちには、まずは得点する喜びを多く味わわせることが重要です。その期待に応えるボールゲームとして、タグラグビーには大きな可能性があると言えます。

3 攻め方と守り方の例

ここでは、代表的なアタック（攻め方）とディフェンス（守り方）の方法を紹介します。

【攻め方の例】

以下に紹介する攻め方は、いずれもフリーパスから使われる代表的な攻め方です。

①クロス

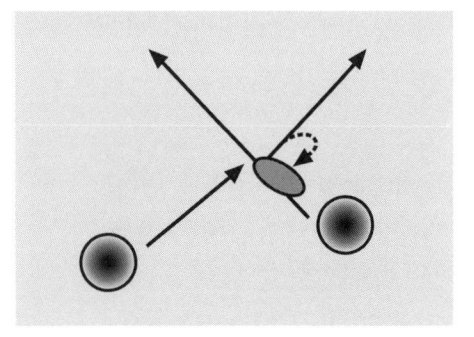

交差（クロス）するように走る2人が、すれ違いざまにボールをパスして、攻撃の方向を転換します。

②ダミークロス

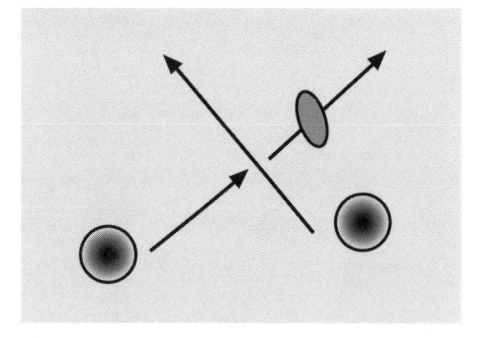

①の応用で、クロスする動きをしますが、実際にはパスをしない（ダミー）で相手を惑わせます。

③とばしパス

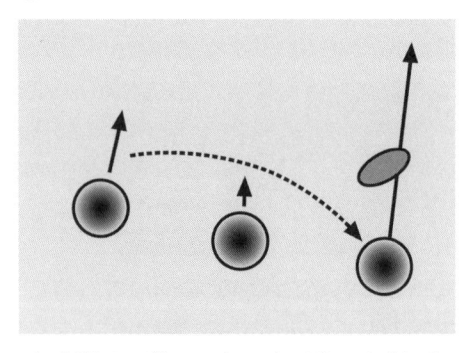

すぐ隣のプレーヤーにパスをせず、相手にあまりマークされていない外側のプレーヤーにパスをします（1人とばしてパスをする）。

④ブラインド攻撃

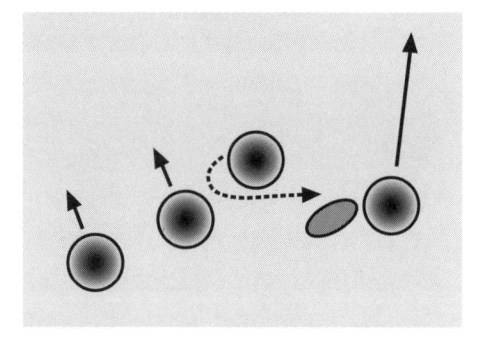

攻めるときに、コートの広いほうをオープンサイドといい、パスをすることが多いのですが、逆に狭いほう（ブラインドサイド）にパスをして相手の意表をつきます。

【守り方の例】

　以下に守り方を紹介しますが、子どもたちの工夫の中で自然発生的に生まれてくる方法もあります。

①マーク・マーク

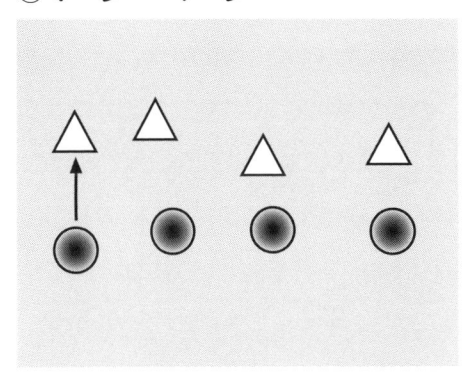

マークとは特定の相手に注目することです。ここでは足の速い相手に、プレーヤーを決めてずっとマークして守ります。

②フルバック配置

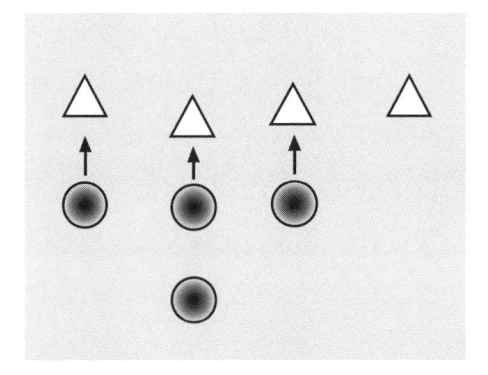

後方に1人残って守備をします。うしろの守りが厚くなる反面、前の守りは1人足りなくなる、という弱点があります。

③水平ライン

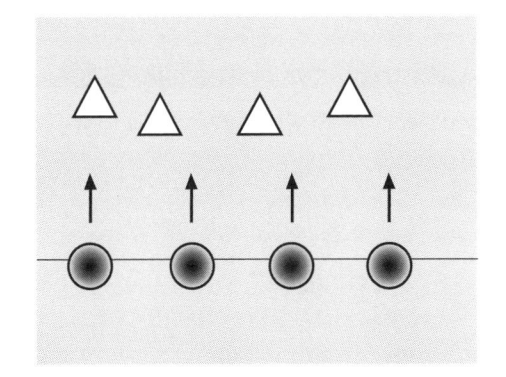

全員が横一列に並んで、前に出ながら守ります。列がデコボコにならないよう水平に前に出るのは難しいのですが、これがもっとも強力な守り方です。

4　学習カードとタグラグビーを取り入れた年間指導計画の例

　ここでは、小学校の体育授業で役に立つアイテムとして、学習カードと年間指導計画を紹介します。

　学習カードは、体育の授業で子どもたちが使うものです。できるだけ学習活動を子どもたちが中心になって進めていけるよう、それぞれの目標を設定したり、話し合いや練習のヒントとなる情報を得たり、活動をふりかえったりするときに使います。

　ここで取り上げたのは、先に6年生の実践例（P.89）として紹介した良城小学校の大庭先生の授業で使用された学習カードの一部です。各チームでこのようなカードを使いながら、話し合いや練習を自分たちで進めていました。

　また、年間指導計画は、その学校の体育授業が1年間にどのような運動を教える授業で構成されているかを表した計画表です。ここで紹介した学校では、改訂された学習指導要領に則り、1年生から4年生までは年間102～105回、5～6年生は年間90回の体育授業をおこないます。

　指導要領では、31ページの表2で見たように、さまざまな運動領域を教えることになっていますが、それらを各学校の状況に合わせて具体化していく必要があります。

　この学校では、1年生と2年生の11月に「ゲーム」領域として鬼遊び（鬼ごっこ）やボールを使った運動を12回の授業で取り上げ、それを発展させながら、3年生の5月と4年生の1月に「ゴール型ゲーム」としてタグラグビーを10回の授業で教えていくという計画になっています。

　高学年ではタグラグビーは教えられていませんが、中学年のどちらかと高学年のどちらか、たとえば4年生と6年生でタグラグビーを教える学校も多いようです。

　こうした学習カードや年間指導計画は、小学校の先生方にはなじみ深いものですが、先生以外の読者の方にとっては興味がないかもしれません。ですが、子どもたちのやる気を促すためのツール（学習カード）や、小学校の体育の授業ではこのような運動が教えられているんだということを理解するための資料（年間指導計画）としてご覧になれば、いろいろと役に立ちそうです。

学習カードの例

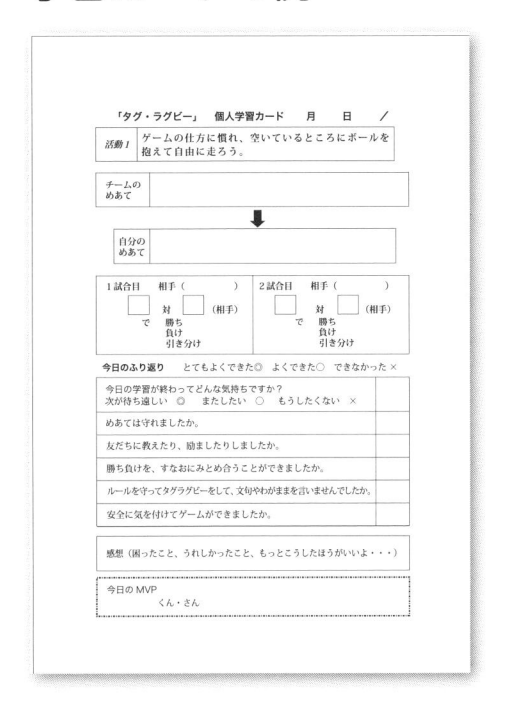

左の学習カードは、授業の前半の活動1で使う学習カードです。活動1のめざす目標に向かって、チームのめあてとそこから課題とする自分のめあてを考えて書き込みます。

そして、授業の終わりには学習をふりかえって自己評価し、◎、○、×という簡単な記号で記入しておきます。

右の学習カードは、授業の後半の活動2で使う学習カードです。活動2では作戦を工夫することが主要な学習内容になってきますから、具体的な作戦を考え、その遂行に向けて自分がどんな課題を解決していくかを明確にするようにします。

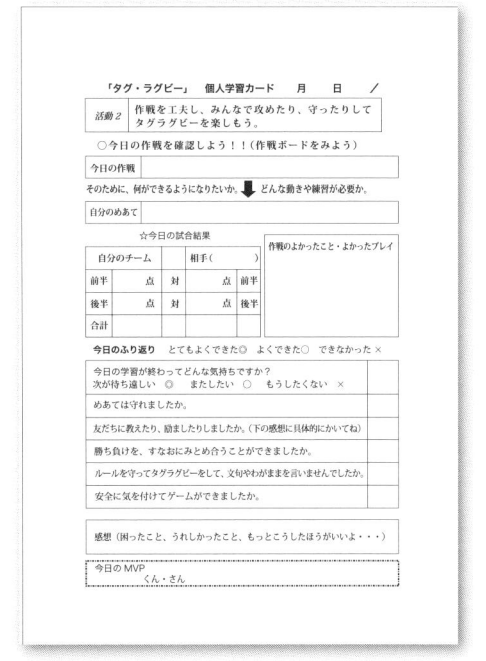

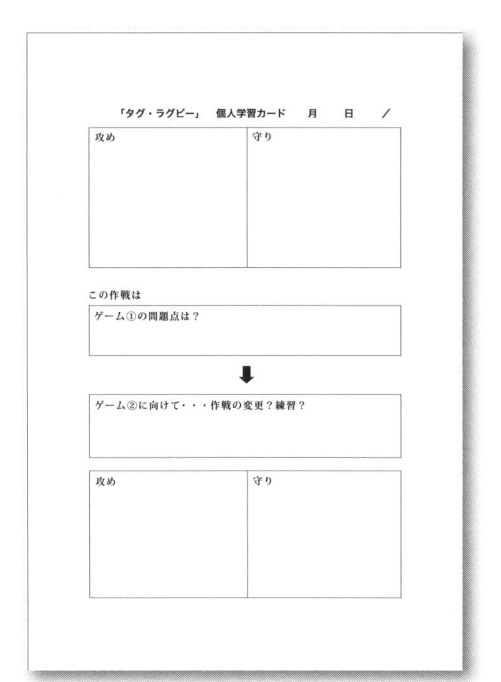

左の学習カードは、空き缶のフタでつくった作戦ボード上で検討した作戦を、図示して記録しておくためのものです。

その作戦を実行したゲーム①②の反省も話し合って記録し、次のゲームに向けた練習を考える手がかりにします。

右の学習カードは、タグラグビーの攻め方を例示した作戦ヒントカードです。タグラグビーは多くの子どもにとってはじめておこなう種目なので、こういった作戦は、ある程度、教師から提示する必要があるでしょう。

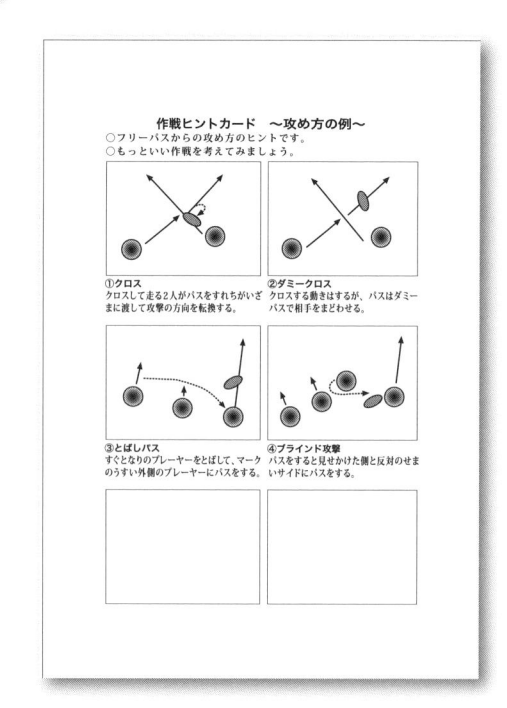

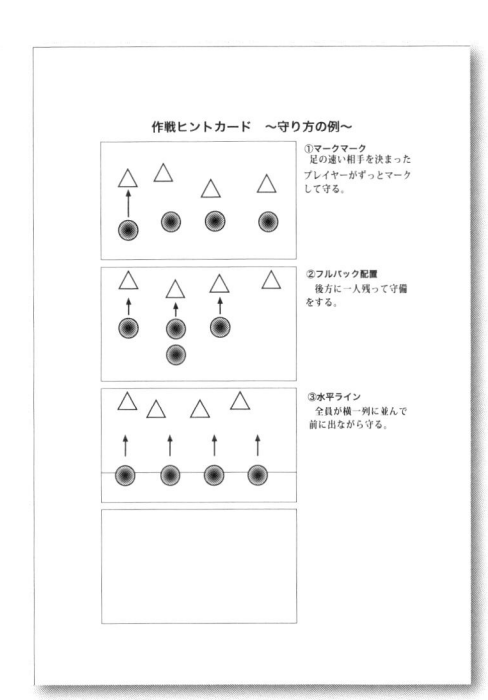

左の学習カードは、守り方を例示した作戦ヒントカードです。マークマークやフルバック配置（T字ディフェンス）といった守り方は子どもたちの中から出てくることもありますが、水平ラインはなかなか考えつきません。

ヒントカードの下の空欄には、自分たちで考えた作戦（攻め方も守り方も）を加えます。

右の学習カードは、個人的な動きの工夫を例示したものです。

これらの多くは、1〜2時間めからゲームの中に自然に出てくることも多いのですが、これらを練習してみる際に、このようなカードは役に立つことでしょう。

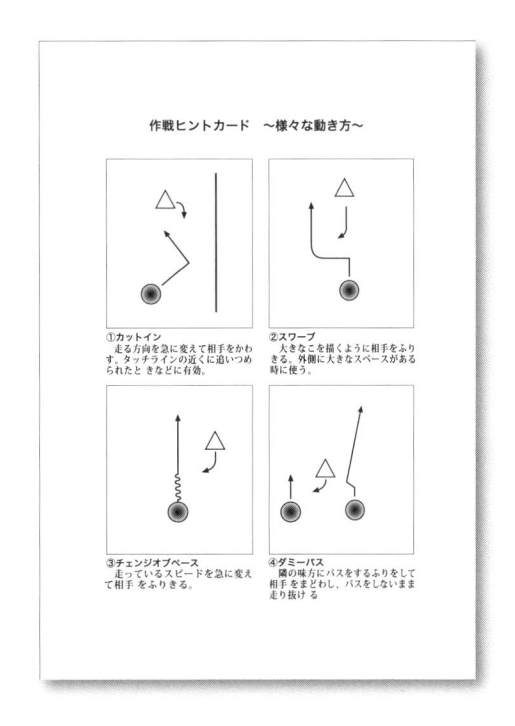

体育科年間指導計画の例

月	4月	5月	6月前・中	6月下・9月前	9月中・後
期間	4/7～4/28	5/7～5/29	6/1～6/12	6/16～9/11	9/14～9/30
1年 (102)	●体つくり運動 ・集団行動 ●器械器具を使っての運動 ・固定施設遊び ⑧	●ゲーム ・鬼遊び ・的当てゲーム ⑩	●走・跳の運動遊び ・川跳びケンパー ●体つくり運動 ・長なわとび ⑥	●水遊び ⑫	●体つくり運動 ・折り返し運動 ・壁登り逆立ち ●器械器具 ・マット遊び ⑧
2年 (105)	●体つくり運動 ・集団行動 ●器械器具を使っての運動 ・固定施設遊び ⑪	●ゲーム ・鬼遊び ・キックベース ⑩	●走・跳の運動遊び ・ゴム跳び ●体つくり運動 ・長なわとび ⑥	●水遊び ⑫	●体つくり運動 ・折り返し運動 ・壁登り逆立ち ●器械器具 ・マット遊び ⑧
3年 (105)	●体つくり運動 ・折り返し運動 ●器械運動 ・マット運動 ⑪	●ゴール型ゲームⅠ ・タグラグビー ⑩	●走・跳の運動 ・走り幅跳び ●器械運動 ・鉄棒 ⑥	●浮く・泳ぐ運動 ⑫	●ゴール型ゲームⅡ ・ハンドボールまたはサークルハンドボール ⑧
4年 (105)	●体つくり運動 ・折り返し運動 ●器械運動 ・マット運動 ⑪	●ネット型ゲームⅠ ・ショートテニス ⑥ ●保健 ④	●走・跳の運動 ・走り高跳び ●器械運動 ・鉄棒 ⑥	●浮く・泳ぐ運動 ⑫	●ゴール型ゲームⅠ ・セストボール ⑧
5年 (90)	●陸上運動 ・短距離走 ・走り高跳び ⑨	●器械運動 ・マット運動 ⑥	●ネット型ゲームⅠ ・ソフトボールバレー ⑤ ●スポーツテスト 行事②＋体育③ ※4年一宇荘裏で	●水泳 ⑫	●陸上運動 ・リレー ・ハードル走 ⑥
6年 (90)	●体つくり運動 ・折り返し運動 ●器械運動 ・マット運動 ⑦	●器械運動 ・マット運動 ●体つくり運動 ・体力を高める運動 ⑦	●ネット型ゲーム ・ソフトボールバレー ⑦	●水泳 ⑫	●陸上運動 ・ハードル走 ⑥

※平成21～22年度は移行期のため、平成21年度第5学年のボールゲームを上記のように設定。
平成22年度より、バスケットボール、ラインサッカーとする予定。

10月	11月	12月	1月	2月前・中	2月～3月
10/2～10/23	10/2～10/23	11/30～12/21	1/12～1/29	2/1～2/19	2/23～3/18
●表現リズム遊び ⑧ ●走・跳の 　運動遊び ・リレー遊び ④	●ゲーム ・鬼遊び ・ボールけり 　ゲーム ⑫	●体つくり運動 ・短なわ、輪 ・鉄棒 ⑦	●ゲーム ドッジボール ⑨	●器械器具を 使っての運動 ・跳び箱遊び ・平均台遊び ⑥ ※2/12まで	●体つくり運動 ・力試しの運動 ●器械器具を 使っての運動 ・鉄棒遊び ⑫
●表現リズム遊び ⑧ ●走・跳の 　運動遊び ・リレー遊び ④	●ゲーム ・鬼遊び ・シュートボール ⑫	●体つくり運動 ・短なわ、輪 ・鉄棒 ⑦	●ゲーム ・キックシュート ⑨	●器械器具を 使っての運動 ・跳び箱遊び ・平均台遊び ⑥ ※2/12まで	●体つくり運動 ・力試しの運動 ●器械器具を 使っての運動 ・鉄棒遊び ⑫
●走・跳の運動 ・かけっこ ④ ●表現運動 ⑧	●体つくり運動 ・折り返し運動 ●器械運動 ・跳び箱運動 ⑫	●走・跳の運動 ・リレー ・小型ハードル走 ⑦	●体つくり運動 ・短なわ ・長なわ ・竹馬 ⑪	●保健 ④	●ベースボール型 ゲーム ・ラケットベース ⑫
●走・跳の運動 ・かけっこ ④ ●表現運動 ⑧	●体つくり運動 ・折り返し運動 ●器械運動 ・跳び箱運動 ⑫	●走・跳の運動 ・リレー ・小型ハードル走 ⑦	●ゴール型ゲームⅡ ・タグラグビー ⑩	●体つくり運動 ・竹馬 ・短なわ ⑤	●器械運動 ・鉄棒 ●体つくり運動 ・力試しの運動 ⑫
●体つくり運動 ・体力を高める 　運動 ●表現運動 ⑩	●ネット型ゲームⅡ ・ショートテニス ⑩	●体つくり運動 ・体ほぐしの運動 ・体力を高める 　運動 ⑤	●器械運動 ・跳び箱運動 ●体つくり運動 ・体力を高める 　運動 ⑦	●ゴール型ゲームⅡ ・セストボール ⑦	●保健 ・けがの防止 ・心の健康 ⑧ ※●体ほぐしの 　運動 ④
●体つくり運動 ・体力を高める 　運動 ●表現運動 ⑩	●ゴール型ゲームⅠ ・バスケットボール ⑩	●体つくり運動 ・体ほぐしの運動 ・体力を高める 　運動 ⑤	●器械運動 ・跳び箱運動 ●体つくり運動 ・体力を高める 　運動 ⑦	●ゴール型ゲームⅡ ・サッカー ⑧	●保健 ・病気の予防 ⑧ ※●体ほぐしの 　運動 ④

東京学芸大学附属小金井小学校の計画を一部修正

コラム

タグラグビー研究室へようこそ

5　パスをつないで作戦成功

　タグラグビーは、スローフォワードルールにより前方へのパスが禁止されています。このルールが、初めてタグラグビーをおこなう子どもにとっては難しいという指摘がなされてきたことと、しかし、その指摘は決して正しくないことはコラム③で述べた通りです。スローフォワードルールが子どもにとって難しいルールではないからといって、タグラグビーのパス動作がやさしいとは限りません。

　ボールゲームのおもしろさの一つに、仲間とパスをつなげて攻撃することが挙げられます。仲間とパスをつなげて得点できる喜びは、個人プレーで得点したときの喜びとは質が異なります。パスがつながって得点できたとき、仲間と喜び合い、お互いを認め合う声かけやハイタッチなどが自然に生まれ、チームワークが高まります。ここでは、パスのやさしさを示すデータを紹介して、パスをつなげて作戦が遂行しやすいボールゲームとしてのタグラグビーの可能性を紹介しましょう。

　次のページに示した二つのグラフは、3年生でタグラグビーとポートボールを実施したときのものです。どちらのボールゲームも子どもたちは初めて学習します。図10はパスの成功率を比較した結果、図11は子どもがパスを投げることに対してどのような意識を持っているのかを比較した結果です。図11は、5点に近づくほど子どもはパスを投げることに対して「やさしい」と感じていることを示しています。

　図10から、単元当初はどちらのボールゲームのパスも約70％の成功率を示していますが、単元が進むにつれてタグラグビーのほうが成功率は高まり、単元後半では、90％近い値を示していることがわかります（3、

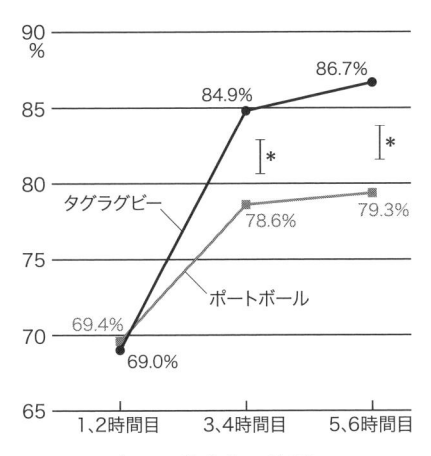

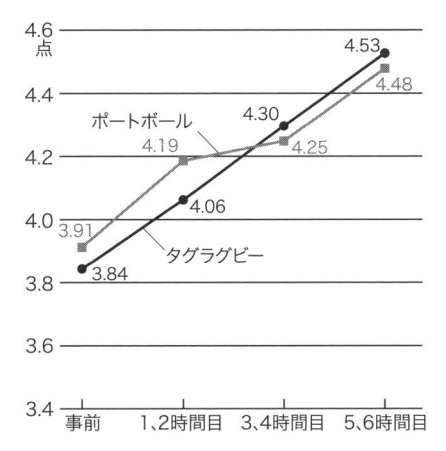

図10　パスの成功率の比較　　　図11　パスを投げることの意識の比較

4時間目、5、6時間目ではタグラグビーが5％水準で有意に高い）。また図11からは、どちらも「やや、やさしい」から「やさしい」へと同じような意識の変化を見せ、子どもは後ろや真横へのタグラグビーのパスを難しいとは感じていないことがわかります。すなわち、子どものプレーする姿からも意識からも、タグラグビーのパス動作はやさしいことを二つの図は示しています。

　こういった結果を導き出したのには理由があります。タグラグビーは初め、ランニングゲームからスタートします。当初、「タグを取られてからパスをしよう」という合言葉を指導しますから、いつパスをするかが明確です。その際、タグを取られてから3歩以内にパスをすればよいため、子どもは止まってあわてることなくパスする相手を探すことができます。また、ボール保持者は両手で下からパスをしますから、受け手は山なりのふんわりパスをキャッチすることになります。これらのことが理由となり、パスの成功率は高まります。

　パスの成功率が高いのであれば、とばしパスやクロスプレーを用いて仲間と連携して攻撃することが容易になります。つまり、ボールを抱えて走ることができるという「ボールを運ぶ」ことのやさしさと、パスによる「連係プレー」のやさしさが相乗効果を生むことで、タグラグビーには多彩な攻撃を導き出す豊かな可能性があると言えるのです。

4章
❹ 授業づくりに関するQ&A

　実際に、体育の授業で子どもたちにタグラグビーを教えてみると、いろいろな疑問も出てくると思います。そこでここでは、小学校の先生方からよく寄せられる代表的な質問をとり上げて、それに答えてみることにしましょう。

Q1 タグラグビーの授業をやってみたいのですが、学校にはまだ楕円球がありません。ドッジボールのような丸いボールを使ってやってもよいでしょうか？

A 丸いボールを使うのはさけてください。
　ラグビーというボールゲームには、ボールを抱えて走るという大きな特徴があります。楕円の形は、抱えて走るのに向いている形なのです。また、ボールを前に投げられないラグビーでは両手で横やななめ後ろにパスをしますが、楕円の形はこういった両手でのパスもしやすい形と言えます。
　丸いボールを使ったタグラグビーの授業では、タグをとられてパスをしようとする子どもが、とっさに遠くの味方にボールをバウンドさせてパスをするのを見ることがあります。しかしこれは、バスケットボールで使う技術であって、ラグビーのゲームには本来ありえない技術なのです。
　用具は、その種目で使う技術を規定します。ぜひ楕円球を使ってタグラグビーを教えてあげてください。

Q2 楕円の形のボールにもいろいろな種類があるのですが、どのような ボールを使うとよいでしょうか？

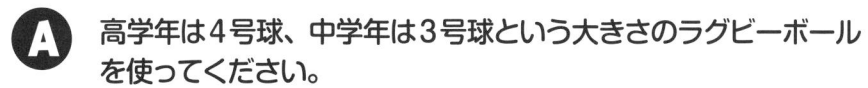

A 高学年は4号球、中学年は3号球という大きさのラグビーボール を使ってください。

　子どもたちが、両手でのていねいなパスを自然におこなうようになるためには、ある程度の大きさと重さのある楕円球が必要です。

　小さくてとても軽かったりスポンジボールのように柔らかすぎるボールは、子どもたちがつい片手でわしづかみにしてしまいがちです。片手でのパスは前に投げるのには向いていますが、タグラグビーで求められる横やななめ後ろにパスするには向いていない投げ方ですから、どうしてもミスが起こりやすくなります。

　子どもたちの動きを型にはめる必要はありませんが、ラグビーに特有の両手での左右へのパスを導く上でも、4号球や3号球のラグビーボールを使ってください。ボールの空気圧は少しだけゆるめにすると扱いやすくなりますが、抜きすぎるとわしづかみできるようになってしまうので気をつけてください。

　なお、低学年の鬼遊びでは、3号球以外にも1～2年生の子どもが扱いやすいもう少し小さくて軽い楕円の形のボールを使ってもよいと思います。

Q3 試合をするとき、人数は何人でやるのがよいでしょうか？

A 最初は4人で始め、上手になってきたらコートを少し広げて 5人にするとよいです。

　タグラグビーでは、タグをとられたプレーヤーとタグをとったプレーヤーが一時的にゲームに参加できなくなります。したがって、1チームの人数が3人ではタグが起こったときに残りが二人になってゲームがうまく進まなくなるのです。

　また、上手になってきたら5人に増やしてもよいのですが、それ以上は人数を増やさないように注意しましょう。6人以上になると、チームの中でボールゲームが苦手な子にだんだんボールが回らなくなるからです。

　コートの広さは、子どもたちや校庭の状況に応じて工夫してほしいのですが、たては30～40mぐらい，横は20～30mぐらいが一般的です。1人人数を増やすときは、横幅を5mぐらい広げるとよいと思います。

Q4 前パス禁止（スローフォワード）のルールは難しいので、授業の最初は前へのパスを認めるルールでやってもよいでしょうか？

A　スローフォワードは最初から反則としてください。

　タグラグビーのゲームで前へのパスを認めてしまうと、タグをとって相手の前進をストップさせるという防御の意味が全くなくなってしまうのです。せっかくボールを抱えて走ってくる相手を追いかけていってタグをとっても、次のパスをさらに前へ投げられてしまうと、タグをとりにいくことはトライを防ぐ有効な手段にならないばかりか、ゴール前の防御が手薄になってしまうことにもなります。

　攻める側がボールを抱えて走り、守る側がタグをとることでそこまでの前進をいったんストップさせ、そして次のパスはボールを前に投げられないこと、これはタグラグビーの特性である陣とりを成立させるためのワンセットのルールなのです。

Q5 できるだけスローフォワードの反則が起こらないようにしたいのですが、どのように指導すればよいでしょうか？

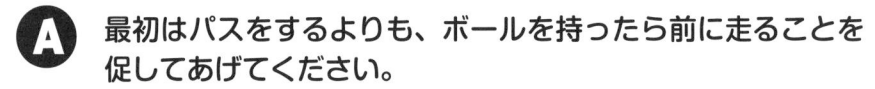

A　最初はパスをするよりも、ボールを持ったら前に走ることを促してあげてください。

　タグラグビーは、ボールを手にした次にやることが走るだけでゲームに参加できるという特徴があります。そこを活かして、最初はパスのことは考えずに、ボールを持ったら相手のいないところを探しながら前へ走ることを強調してください。

　そして、逃げ回って逃げ回ってタグをとられたらパスをすればよいという、ランニング中心のゲームから始めることが、子どもたちにとってスローフォワードの起こりにくい、やさしいゲームにするポイントです。

　また、スローフォワードは前に投げてしまう子に責任があるというよりも、前へ投げたくなる位置に先回りしてしまう子に原因がある場合も多いようです。ボールを持っていないときは、ボールを持っている味方の「お尻が見える位置を走ろう」という合言葉を指導することも、スローフォワードをなくす上で有効です。

Q6 スローフォワードを最初から反則とするなら、ノックオンも最初から反則とするべきなのでしょうか？

A 単元の前半はノックオンは反則にしなくてよいです。

ラグビーではボールを前に投げると反則（スローフォワード）になるのと同じく、パスをとりそこねてボールを前に落としても手でボールを前へ進めたと見なされてノックオンという反則となります。

子どもたちは楕円のボールに慣れていない最初の頃はパスをとりそこねることも多いので、ノックオンを最初から反則としてしまうと、とくに苦手な子が失敗を恐れてパスを受けとりにいかなくなってしまうこともあります。

そこで、ノックオンはボール扱いに慣れていない内は反則としないでやってください。前に落としてしまったボールは再び拾ってもよいですし、相手に拾われて逆襲されることもあるでしょう。

ボール扱いに慣れてきてどの子もパスをとる姿が出てきたら、発展したルールとしてノックオンを加えていきましょう。また、相手のパスを手でたたき落とすようなプレーが出てきた場合も、ノックオンのルールを加えるとよいでしょう。

Q7 子どもたちにとってやや難しいオフサイドの反則は、どのように教えたらよいでしょうか？

A タグ後の最初のパスはカットできない、というルールで教えてください。

サッカーのオフサイドは攻める側に起こる反則ですが、タグラグビーのオフサイドは守る側に起こる反則です。したがって、オフサイドという言葉を知っているサッカーをやっているような子どもにも、理解がやや難しいかもしれません。

そこでオフサイドという言葉をあえて使わないで、タグをとられたプレーヤーがおこなう最初のパスはカットできないというルールで、実質的にオフサイドのルールを教えることがよいと思います。

授業ではそのルールでほぼ最後までゲームを楽しむことができるのですが、単元の後半になって、タグ後の最初のパスはカットしないけれど、そのパスを受ける人の近くまで近づいておいてパスを受けたとたんにタグをとる、といった待ち伏せのような行動が出てきたら、オフサイドのルールを厳格に教える時期だと思います。

そのときは、タグが起きたら守る側はタグをとられたプレーヤーの真横に生まれるオフサイドラインまで下がってから次のプレーをするというルールにします。

Q8 子どもたちにとって初めてのボールゲームですが、審判を子どもたちにさせることはできるのでしょうか？

A 多くの学校で、子どもたちがタグラグビーの審判をして楽しんでいます。

　タグラグビーは多くの子どもたちにとって初めて知るボールゲームなので、最初は先生がルールを説明し、審判をすることが多いと思います。ただ、タグラグビーのルールはスローフォワードをはじめ、どれも子どもたちでジャッジできるものばかりですから、子どもたちに任せていくことを常に目指してください。

　小学校ではどのボールゲームの授業でも、子どもたち同士で審判をしたり、審判をとくに置かないでセルフジャッジでゲームを進めることもよくおこなわれます。それは、体育の授業で育てようとしている人間とは、審判にとり締まられないとプレーができない人ではなく、審判などいなくてもフェアにプレーできる生涯スポーツの主体者だからです。タグラグビーでも目指す姿は同じです。

　他のボールゲームと同じく、タグラグビーでもセルフジャッジでゲームを進めていくことは十分に可能ですが、タグラグビーは全速力で走る場面がたびたび起こるので、自分がタッチラインをふんだり越えたりしたかどうかは自身で判断できないことがあります。タッチかどうかについては、周りの人からのコールに従うというきまりを加えておこなうと、よりうまくいく場合が多いようです。

第5章

タグラグビーの大会へ挑戦

1 大会へ出ることの意味
2 大会へ向けた練習方法
3 レフリーをやってみよう
4 全国大会のルール

5章
① 大会へ出ることの意味

体育の授業でタグラグビーの楽しさを味わい、夢中になってとり組んできた子どもたちの姿を見ると、体育の学習の中だけでそれを終わりにしてしまうのはもったいなく感じられることもあると思います。タグラグビーを楽しむ場は、学校の外でも様々な大会という形で存在しているのです。もっとも大きな大会としては、日本ラグビーフットボール協会が文部科学省の後援の下で開催している、全国小学生タグラグビー選手権大会（サントリーカップ）があり、この他にも、都道府県や地域単位によるタグラグビーの大会が全国で開かれています。先生と保護者が協力しながら、それらの大会に挑戦してみることもきっと子どもたちにとってすばらしい経験になることでしょう。

ただ、大会に出場するということは、そこに子どもたちを導く大人たちがどのような考えを持つかによって、子どもたちにとってすばらしい経験になるどころか、ときには、とり返しのつかない心に傷を負わせるような経験になってしまうこともあります。つい最近、中学校のフットサルの大会で、いま戦っている試

▲タグラグビーの全国大会（Ⓒ JRFU2009）

合に負けたほうが決勝トーナメントでの組み合わせが有利になると考えた指導者が「わざと大敗しろ」と指示し、生徒たちはその指示に従ってオウンゴールを連発して負けたということが話題になりました。確かに、スポーツの試合は勝利を目指してプレーしますし、大会ともなればよけいそこに向かって指導者も選手も気持ちが一直線に向かうこともわかります。しかし、この出来事がとり沙汰されるのは、多くの人々が、たとえ勝つためとはいえ、こういったスポーツのやり方には問題があると直観的に感じるからだと思います。

タグラグビーの大会へ挑戦するということは、体育の授業で学んだことをさらに追求して、自分たちがそこで高めた力を学校の外の世界で試してみる場所と言えるでしょう。それは、勝利を目指しておこなうことでより真剣な

挑戦の場になっていくわけですが、そのことは、勝利のためには手段を選ばないということとイコールではないはずです。むしろスポーツには、勝利を目指してプレーしていながら、目の前の勝利のためには得だと思われることであっても、それはフェアではないからしてはいけないと封印するという難しい判断を自ら下さなければならない機会が繰り返し訪れるのです。たとえば、審判の死角を利用すれば反則だけれど得点できるとしても、その道は選ばないといったことです。

　ドイツの高名なスポーツ研究者のオモー・グルーペは次のように言っています。「スポーツ場面で達成向上を目指すこと、それ自体が自己の向上を目指して努力する事なのである。スポーツ場面において達成向上を目指すことは、人間としての『向上』を目指すことなのである。他人に打ち勝つことや記録を打ち立てることは、これに比べれば二次的なものと見なされるべきである。」（グルーペ、1997:p.84）このような考えを大人がしっかりと持った上でタグラグビーの大会へ挑戦させるとき、初めてそこでのタグラグビーは、子どもたちにとってすばらしい経験になる可能性が拓かれていくことになります。

▲全国大会終了後の交歓会

　ラグビーの世界には、昔から大切にしているノーサイドという考え方があります。全力を尽くした試合が終われば、チームとチームの間の境はなくなってみんなラグビーを愛する仲間同士、真の友達になるという考え方です。しかしこれは、お互いがピッチの上で交わしたプレーに対する尊敬（リスペクト）を前提にします。真剣に、そしてフェアに競い合ったからこそ相手に対するリスペクトは生まれますが、大人の指示にただ従い、自らがその是非を問うこともなく故意に負けるためにオウンゴールを連発するようなプレーヤーがリスペクトされることは決してありません。大会への挑戦は、指導者も応援する保護者も、そしてプレーヤーたちも、常に自らの振る舞いがリスペクトに値するものかどうかを問いながら戦う場であることを忘れないでほしいと思います。

5章 ② 大会へ向けた練習方法

笠松具晃先生（元・長崎県佐世保市立清水小学校タグの実監督）

　ここでは、大会出場に向けてさらにチーム力をアップするための練習方法をご紹介します。チームの力をさらに引き上げるには、戦術を共通理解し徹底させることが必要になってきます。しかし、ここで言う戦術とはあくまでも子どもたちが試合で相手と競い合うために必要なスキルであって、それをいつどこで使うかの主体は子どもにあります。指導者の描いたフォーメーション通りプレーヤーがロボットのように動くことでは決してありません。試合では子どもたちが状況判断をし、普段の練習で培った戦術を駆使して勝利を目指して戦うことが、失敗も含めて経験となり、一人ひとりの学びになるのではないでしょうか。ですから、ここで紹介する練習方法も試合形式のものをとり上げました。

■1 1対1

攻守は5m離れて対峙し、攻撃側のフリーパスでスタート。
コート縦横は8〜12m程度。
初歩的な練習ですが、ポイントを明確にしてとり組めば、一人ひとりの子どもの力を高めることができる重要な練習です。攻撃と守備のそれぞれについてポイントをあげてみましょう。

○攻撃のポイント

- ストレートラン

　試合は複数の子ども同士でおこなうものですが、その中の構成はボールを保持する者とそれを防ぐ者との関係（1対1）が連続しているものです。子どもたちはゲーム経験初期には相手を漠然と捉え、自分自身のランニングスピードで何とか相手を振り切ろうとしたり、守備のポジショニングはお構いなしに自分たちが決めたフォーメーションだけをして突破しようとしたりします。しかし、それは組織的な守備をするチームに対してそれほど効果的な攻撃とはいえません。自分の目の前の相手はどんな人で、今目の前のどこに走るスペースがあるのか状況を把握できるようになることが必要です。また、相手から「逃げる」のではなく「抜く」ということを意識付けるためにも、まず相手に向かって直進することを身につけましょう。

- スピードコントロール

    同じスピードで動く者を捕まえるのは簡単です。相手を抜くためには、その予想を裏切るランニングスピードのコントロールが必要です。足が速い人だけのスキルではありません。「チェンジ・オブ・ペース」という言葉が使われることもありますが、自分の全速力を生かし、さらにはステップやフェイントを入れた相手をかわす技術の基礎にもなるため、スピードをコントロールすることを意識しましょう。

- 相手を見る（タグをとりにくる手）

    間合いを詰めて抜き去るときに、必ずその相手を見続けましょう。正面を向いてただ全力で走っているだけでは、自分のタグをとられたことに気づかないだけでなく自分をフォローしてくれている仲間の存在にも気づくことができません。しっかり相手の動きを見ていれば、あとほんの数センチ走るコースをずらすことで、もしかすると軽快に抜き去ることができるかもしれないのです。

○守備のポイント

- ポジション

    鉄壁の守りの第一歩は、まず相手より先に守備の位置につくことです。相手より早く準備して次の攻撃に備えましょう

- スタート

    フリーパスにあわせて、タイミング良く前に出ることを大切にしましょう。タグラグビーはボールを境界線とした陣とり合戦です。スタートダッシュで前に出て、できるだけ自分たちの陣地を進めましょう。

- ランニング（to corner）

    確実にタグをとるためにはボールを持っている相手をタッチラインに追い込むランニングが必要です。自分で方向を決めて、うまく追い込むことができれば、自分より足の速い人でもタグをとることができます。

- キャッチ＆リリース

    タグは両手でとる事を心がけましょう。自分に近いほうのタグをしっかり両手を添えて捕ります。相手との間合いを詰めて確実にとるようにしましょう。両手を相手の身体に回して両方のタグを捕りにいくのは反則です。気をつけてタグをとったらすばやく相手に手渡しし、プレーに戻りましょう。タグが発生したときは攻守とも1人ずつプレーヤーが少ない状態になります。すばやくタグを返してプレーに戻れば、チームは人数的に有利になります。

○バリエーションを変えて

スタートとゴールを変えていろいろな1対1を体験してみましょう。基本的な考え方はどのバリエーションも同じです。状況に応じた子どもの判断力と常に相手に正対できるボディコントロールを育成しましょう。

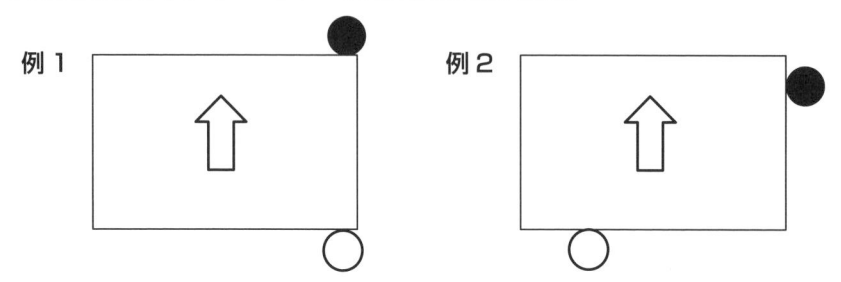

例1　　　　　　　　　　　　例2

2 2対2

攻守は5m離れて対峙し、攻撃側のフリーパスでスタート。
コート縦横は8～12m程度。

1対1で身につけたことを、もう一人の仲間と連携して発揮してみましょう。協力する最小単位の人数（二人）から練習していくと、子どもたちはそれぞれの役割を比較的簡単に理解していくことができます。ボールを保持した子が相手をかわすように動くことは1対1と同じですが、2対2では自分がタグをとられても、もう一人の仲間に良いボールをつなげば攻撃が継続できます。仲間の動きにも常に気を配らせましょう。また、2対2になるとボールの動きを見ながらその周りの状況を見とり（周辺視）、次のプレーを判断する力が重要になってきます。人数を少なくしたシンプルなゲーム形式の練習で子どもたちの力を培っていきましょう。

○攻撃のポイント

・ストレートラン
2対2の状態で守備側の二人が横並びに守った場合、最初の攻撃を仕掛けるスペースが3カ所できます。
どのスペースを狙うと自分たちに有利にゲームが進むかを考えながら練習にとり組みましょう。また、一人目のランニングコースのとり方によって、二人目の走り込むスペースが決まってきます。どこにスペースができるかの共通理解を図ることも大切です。

・タイミング

タグをとられた後、すばやく仲間にパスをつなぐことが前進するための重要なキーワードになってきます。1対1でもポイントとしてあげましたが、ボールを持っている子は自分が抜き去ろうとしている相手を最後まで見続けることでパスを出すタイミングをつかむことができます。また、パスを受ける側はボールを持った仲間の動きに応じてタイミングを合わせて走り込む練習をしましょう。

○守備のポイント

・ギャップ（段差）

守備では二人がそろってスタートを切り、併走して相手を追いつめるランニングをします。しかし、間合いが詰まりどちらかがタグをとる役割が決まったら、もう一人はタグをとりに行く仲間より少し下がってギャップ（段差）をつけタグ後のプレーに備えましょう。もし二人が真横に並んでその間に走り込まれてしまったら、例えタグがとれたとしても、次のプレーで守備ができるポジション（オンサイド）の人は誰もいなくなってしまいます。

3 3対3

攻守は5m離れて対峙し、攻撃側のフリーパスでスタート。
コート横幅は10～15m程度。

3対3ではパスを受けた攻撃側は個人のランニングスキルだけでなく、もう1人の仲間と協力して守備に走り込むスペースを開ける工夫ができるようになり、より実践に近づきます。基本的なパターンとその守り方を教えて、あとは子どもたちの創意工夫を促すようにして練習しましょう。

重要なことは子どもたちの実態をよく考えて、あまり教えすぎないことです。

○基本パターン

ここで紹介する3つの基本パターン（シザース、ループ、カットイン or アウト）を用いて、相手の守り方に応じた「攻撃を仕掛けるスペース」をいろいろ探ってみましょう。

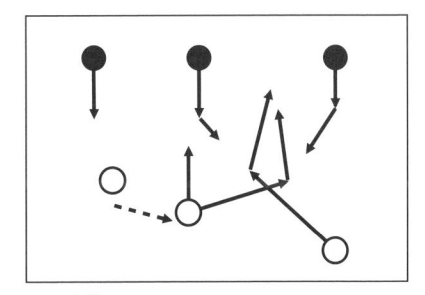

・シザース

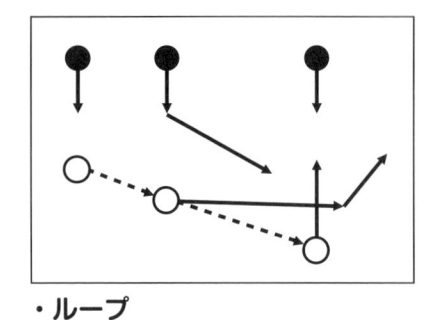

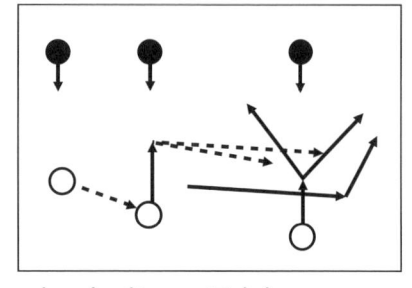

・ループ　　　　　　　　　　　・カットイン or アウト

4 大会を目指す指導者のみなさんへ

　ある日、フランス人コーチがフランス人の小学生と練習をしている場面に出会いました。攻撃が二人に守備が一人。トライを奪うために、守備の人の動きに応じて仲間にパスをするかどうかを判断する練習です。ある男の子に攻撃の順番が回って来たとき、コーチはその男の子を呼んで何か熱心に話していました。練習がスタートすると、その男の子は迷わず仲間へのパスを選択しました。そしてそのボールを受けた子はしっかりと相手の動きを見ていた守備の子に簡単に捕まってしまいました。
　フランス語はわかりませんでしたが、パスをした男の子はえらい剣幕でコーチに文句言っていました。しかし、当のコーチは涼しい顔で笑っています。フランス語の分かる方に聞くと、男の子はコーチの言うとおりパスしたら捕まったと怒っていたそうです。次の順番がその男の子に巡ってきました。そのときにコーチの指導の意図がわかったような気がしました。男の子は真剣な眼差しで守備の動きを見て、自分に引きつけてラストパス！仲間が見事トライを決めてガッツポーズをしていました。
　子どもたちにとってゲームの何がおもしろいのでしょう。自分で判断して答えを出すからおもしろいのではないでしょうか。例え失敗しても、自分で判断したことならばそれは経験として蓄えられます。ゲームを楽しむ主体は常に子どもに置くことがとても重要だと思います。チームを強くするために手っとり早い方法はフォーメーションを組んで一人一人が決められた通りの動きをし、エースにいいボールをつなぐことでしょう。しかし、指示通りに動くだけの子は本当のゲームの楽しみを味わうことができるのでしょうか。大会を乗り越えるたびに強くなるチームとそうでないチームの違いは多分ここにあると思います。試合を糧にして成長するチームは常に子ども一人一人が考えるチームです。一指導者として今までそんなチームを作ることを心がけてきました。子どもが成長する姿を間近で見られることは指導者にとって最高の瞬間です。

では、そのためには指導上どんなことに気をつければ良いのでしょうか。私は練習を構成する上で2つの視点が重要だと思っています。それは「徹底して身につけさせる事」と「子ども自身に考えさせる事」です。「徹底して身につけさせる事」の具体的な内容はパス、キャッチ、タグ、ランニングなど「基本」と呼ばれるもので試合を戦うために子どもが身につけておかなければならない武器です。また、子どもたちの考えをフィールドで具現化させるには欠かせないもので、戦略が高度になればその身につけておかなければならない内容も必然的に増えていきます。

　もう一つの「子どもに考えさせる事」については練習や試合の具体的な場面から子どもに問いかけることで、常に考えてプレーする態度を日々養っていく必要があります。前にご紹介した2対2、3対3の練習でもプレー後に「今どうして‥」「なぜ‥」という問いかけを子どもにします。恐らく、初めのうちは感覚的にプレーしているため、尋ねられてもうまく言葉で答えられません。しかし、そんなときは指導者が子どものプレーを言語化し解説してあげます。それを聞くことで子どもは自分のプレーを頭の中で整理し、経験として蓄積していきます。次に同じようなプレーができたとき、しっかり指導者に説明できるようになるはずです。また、チーム内の子ども同士での教え合いを奨励することも大切です。あるプレーを仲間に対して分かり易く説明するには、それに対して自分がしっかり理解できている必要があります。もし、理解が不十分であったとしても、説明の経験により自分の理解が曖昧だった部分がクリアになり、仲間も自分もさらにレベルアップできます。

　最後に大会へチーム登録する際、指導者としてどんなチーム編成が望ましいのでしょうか。均質？能力別？1日限りの大会では、能力別チームでも子どもたちの気持ちに問題はないかもしれません。しかし、それが上位大会に進出をかけたものならどうでしょう。地区大会で早々と負けてしまったBチームは同じ小学校の仲間とはいえ、Aチームを素直に応援できるでしょうか。チーム編成に当たっては、子どもたちとの合意形成が不可欠であると思います。例え指導者から見てチーム編成を変えれば勝ち進む可能性が高まる場合があったとしても、それは大人のお節介です。タグラグビー大会の主役は子どもたちであって、指導者ではないということを再度確認したいと思います。

　体育の学習でタグラグビーに興味を持った子どもたちが、学校外の大会出場を通して仲間との絆をさらに深め、さらに自己有用感や達成感を味わうことができればすばらしいことだと思うのです。

コラム

タグラグビー研究室へようこそ

6 苦手な子だって走る走る

　近年、子どもたちの体力・運動能力の低下が問題として取り上げられることが多くなっています。とくに、日常的に運動に取り組むことで体力・運動能力が向上している子と、そうでない子との二極化が生じていることが問題として指摘されています。この傾向はボールゲームにおいて顕著です。たとえば、同じ学級にスポーツ少年団等で日常的にサッカーに取り組んでいる子どもとまったくおこなったことのない子どもが、ともに複数いることは珍しくありません。そのため、活躍することでますます体力・運動能力を獲得する子がいる一方で、コート後方の隅っこにぽつんと立っていることが多く、ボールにさわることもなくサッカーの学習を終えてしまう子も生まれ、二極化は拡大しているのです。

　こうした問題状況にタグラグビーは対応すると期待されています。下の表は、運動が得意でない5年生のY子さんに関するものです。この表は、Y子さんがタグラグビーとサッカーをそれぞれ6時間おこなったときの心拍数の平均値を、また、触球数とボールを保持しての移動動作の総計を比較しています。ボールを保持しての移動動作は、タグラグビーではボールを抱えて走ること、サッカーではドリブルです。

心拍数（回/分）		触球数（回）		ボールを保持しての移動動作（回）	
タグラグビー	サッカー	タグラグビー	サッカー	タグラグビー	サッカー
181.1	154.6	35	15	15	0

表5　Y子におけるタグラグビーとサッカーの運動量等の比較

心拍数は運動量を測定する指標とされています。Y子さんのタグラグビーの心拍数の平均値は181.1回であり、サッカーをおこなったときよりも約30回多く、この値はサッカーが得意な子がタグラグビーの授業において示す心拍数の平均値とほぼ同じでした。つまり、運動が得意でないY子さんも、タグラグビーでは写真1のように活発に運動しているのです。また、Y子さんの触球数とボールを保持しての移動動作の総計もタグラグビーのほうが多くなっています。Y子さんにとってサッカーのドリブルは難しいらしく、1度もおこなうことはありませんでした。Y子さんはゲーム中、写真2のようにコートの隅にいてできるだけボールに触らないようにする姿が目立ちました。これらの結果は、運動が苦手な子もタグラグビーでは、トライをめぐる攻防といった意味のあるゲーム参加の中で豊富な運動量を獲得する可能性があることを示しているのです。

▲タグラグビーのY子さんの様子（写真1）

▼サッカーのY子さんの様子（写真2）

　もちろん、サッカーはとてもおもしろいボールゲームです。しかし、脚でボールを扱うという運動特性から、ドリブルで運ぶことやシュートは児童にとってやや難しいようです。Y子さんのようにボールゲームに対して苦手意識を持つ前に、手でボールを扱うことができ、ドリブルではなくボールを抱えて自由に移動できるタグラグビーを中学年で扱い、意味のある動きの中で豊富な運動量を獲得することが子どもたちにとって必要なのではないでしょうか。タグラグビーにおいてボールゲームの攻防の楽しさを存分に味わってから、サッカーなどの技能的に難しいボールゲームを体育授業で扱うべきでしょう。

5章 3 レフリーをやってみよう

1 タグラグビー大会でのレフリングの注意点

森健先生（日本ラグビーフットボール協会タグ＆ミニラグビーレフリー部門）

①レフリーの役割

　　レフリーの役割は、プレーヤーが、安全に楽しくプレーできる環境を整え、持てる力を発揮できるよう支援することです。

　　本来、タグラグビーはプレーヤーだけで試合を進められるボールゲームです。しかし、プレーヤーのスキルが上がってくる、あるいはトーナメント形式の大会等、勝敗が大きな比重を占める試合では、プレーヤーたちだけでは判断できない事象が多くなります。それだけではなく、ぎりぎりのところで相手をかわしたり、スピードをつけてタグを取ったりするプレーが多くなるので、接触の危険性も増してくることになります。

　　これらプレーヤー自身で判定が下せなかったり、安全上問題になったりする現象について判定をし、試合を円滑に進行させるのがレフリーの責務です。

②安全の確保―接触プレーに対する考え方

　　性別、体格の違いなく楽しめるタグラグビーも、接触プレーが多発してしまってはその魅力はなくなってしまいます。コンタクトプレーの回避は、レフリーだけでなく、指導者、プレーヤー等、試合に携わる者全てがその責任を負うべき事項です。

　　レフリーとしては、コンタクトプレーに対して毅然とした判定を下す必要がありますが、その予防についても十分な手立てをとらなければなりません。一つの考え方として、試合が「ボールを使った鬼ごっこ」という言葉で表されるような、「『ボールをもって逃げ回るプレーヤー（子）を、防御側のプレーヤー（鬼）が追いまわす』という状況になっているか」を判断の基準にするとよいと思います。子が鬼にぶつかっていく鬼ごっこは存在しないように、

ボールキャリアがディフェンダーにぶつかりに行くタグラグビーはあり得ないのです。逆に言えば、試合がそのような状況になっているときは、レフリーはその原因を見極め、プレーヤーに注意を促したり、場合によっては笛を吹いて試合を止めたりする等の処置をとる必要があるということです。

タグラグビーで、接触による怪我は起きてはならない事象である、という認識を強く持ち、試合に臨んで頂きたいと思います。

③判定とプレーの継続

レフリーは、競技規則に精通し適確な判定ができなければなりません。しかし、レフリーが反則を見つけるやいなや笛を吹くような試合は、(おそらく)停止の多い、プレーヤーも観客も楽しめないものになるでしょう。レフリーには、目の前で起きている現象が試合に及ぼす影響度を判断し、それに応じた柔軟な対応が求められます。判定・判断の基準の原則は以下の通りです。

1) コンタクトやコンタクトを招く恐れのあるプレーに対しては、即座に判定を下す。
2) 反則に該当するプレーがプレーの継続に及ぼす影響度を予測し、判断する。
   - 攻撃側の反則が、地域的、戦術的な利益を得ていないか。
   - 防御側の行為が、攻撃側に圧力をかけたり、進路をふさいだりして攻撃の選択肢を減らしていないか。

   これらについて、
   - プレーへの影響が大きく、展開を阻害している、あるいは、ラグビー精神を損なっていると判断すればすぐに笛を吹いて反則をしなかった側に攻撃権を与える。
   - 影響はあったがプレーが継続できていると判断できればアド

バンテージを適用する。
- ほとんど影響がないと判断すれば継続を優先させる、あるいはアドバンテージをすぐに解消する。ただし、同種の反則が多いチームについては注意を与えるなどの指導をする。

等、適切な対応によって円滑なゲーム進行を心がけたいものです。

　これらの判断が適切にできるようになるためには、レフリーが「理想のタグラグビーのイメージ」をもつ必要があるでしょう。イメージ通りに試合が進んでいれば、それはレフリーのゲームマネージメントがうまくいっている結果であり、そうでないときはその原因をすばやく見極め、それを排除することでプレーが継続できるような環境作りをしてほしいと思います。

④信頼されるレフリーとは

　レフリーが毅然とした態度で判定を下すと、プレーヤーは「レフリーはわたしたちをしっかり見守っていてくれる」と安心し、試合に集中できます。信頼されるレフリーの必要条件として、次の三つがあげられます。

1）判定がわかりやすい

　判定の精度が高いことはもちろんですが、判定を下したときの位置どり、大きなシグナル、よく聞こえるコール、タイムリーな笛の音は、見ている者に安心感を与えます。

2）服装が清潔で、行動が颯爽としている

　レフリーの真剣な態度が選手に伝わると、選手の意欲も高まります。そういう点からも、レフリーは服装や態度に気を配る必要があるでしょう。誰が見ても清潔感のある身なりと颯爽とした行動は、プレーヤーへのマナーであるとも言えます。

3）表情が豊かで、言葉づかいが適切である

　小学生とはいえ、夢中になるとプレーや態度が荒くなる場合があります。危険な行為、スポーツマンシップに反する言動に対しては毅然たる態度で臨み、再発を許してはなりません。その一方で、よいプレーを展開しているプレーヤーたちに対しては笑顔で接します。状況に応じた適切な表情や言葉づかいで、選手を落ち着かせ、プレーに集中できるような環境を作ることが必要です。

　以上三点は、レフリーが信頼を得る上での必要条件です。「～ぶるな、～らしくせよ」という言葉の通り、権威を振りかざして「レフリーぶる」のではなく、「レフリーとはこうあってほしい」という「レフリーらしい」行動を意識してほしいと思います。

⑤おわりに

　冒頭に述べたように、プレーヤー自身では判断できない事象について判定を下すために依頼されてグランドにいるのがレフリーです。試合中、レフリーにクレームをつける行為が散見されますが、これは競技の成り立ちを否定する行為である、ということを関係者は肝に銘じる必要があります。

　と同時に、レフリー自身も常によりよいゲームマネージメントができるよう、研鑽を積んでいかねばなりません。大会は選手にとっては晴れ舞台です。精一杯の準備をした上で試合に臨みたいものです。

　タグラグビーが、まだラグビーを知らない子どもたちにラグビーというゲームの楽しさにふれてもらうという、入り口の位置づけにあることを念頭に置きながら、タグラグビーが魅力ある競技として発展していくよう、尽力いただきたいと思っています。

2 レフリー体験記

斎藤拓也先生（静岡県磐田市立磐田北小学校）

　私の勤める小学校がある静岡県磐田市はジャパンラグビー・トップリーグのヤマハ発動機ジュビロの本拠地であり、小学校学習指導要領解説に新しくタグラグビーがとり上げられる前から、タグラグビーの普及が進んでいた地域でもあります。そんなわけで、磐田市では、2006年から小学生を対象としたタグラグビーの交流会やジュビロカップといった公式戦がおこなわれるようになってきました。そして、私もその試合で審判をするようになったのです。

　しかし、私自身がラグビーに詳しいかというと、まったくそうではありません。小さなころからサッカー、野球、バスケットボール、テニスなどいろいろなスポーツに親しんできましたが、ラグビーだけはまったく縁がありませんでした。ラグビーについて知っていることといえば、「パスを前に投げてはいけないこと」と、小学校のときの担任の先生に教えてもらった「One for All, All for One」という言葉くらいでした。

　タグラグビーのルールや反則については、磐田市ラグビーフットボール協会がおこなっているタグラグビー講習会や審判講習会で学びました。それは、大まかに言うと以下のようなことです。

●タグラグビーのルール

- タグ4回で、攻撃権が交代。
- 反則がおきたら、その場所から相手チームによるフリーパス。
- タッチラインから、ボールが出たら、その場所のアウトからのフリーパス。
- タグをとられたら、3歩・3秒以内にパスをする。

●タグラグビーの反則

- ノックオン（ボールを前に落とすこと。）→前落とし禁止
- スローフォワード（前にパスを出すこと。）→前パス禁止
- オフサイド→待ち伏せタグ禁止・パスカット禁止
- タグをとりに来た相手の手を払うこと。
- 相手とぶつかること

- 相手を手で突き飛ばすなど
- ボールをキックすること。
- ダイビング（飛び込んでトライをすること。）
- ローリング（タグをとられないように、身体を回転させること。）

　実際に審判をしてみて難しいなと思ったことがいくつかあります。一つ目はアドバンテージ・ルールです。アドバンテージ・ルールは、「反則が起きても反則を犯さなかったチームが戦術的あるいは地域的なアドバンテージを得たなら、プレーを継続する」とされていますが、どのような場合がアドバンテージとなるのかがわからないからです。タグラグビーのゲームでアドバンテージとなるとノックオンの後というケースが多いのかなと思いますが、ノックオンがあってもすぐに笛を吹くのではなく、その次のプレーを見届けることを心掛けています。

　二つ目はなんといってもオフサイド。頭では理解できているものの、実際に初めて審判をしたときにはオフサイドの反則にまったく気付けなかったのです。（周りで「オフサイド！！」という声を何度聞いたことか‥‥。）しかし、何度か審判を経験していくうちに、自分なりの「コツ」のようなものをみつけました。それは、「視野」と「立ち位置」です。審判を始めた頃は、ボールばかりを目で追いかけていたのですが、ボールを目で追いながらも視野を広くとるようにしました。ボールばかりを追いかけていると、だれがどの位置からタグをとりに来たのかがわからなくなってしまいます。また、ジャッジをするときの立ち位置にも気をつけました。それまでは何となくボールを追いかけて走っていたのですが、よりボールの位置を意識した立ち位置をとるようにしました。そうすることで、タグをとられた後のオフサイドラインが見えるようになり、オフサイドなのか、オフサイドではないのかが判断しやすくなりました。

　まだまだ、身体接触があった場合にどちらの反則になるのか、トライ直前にタグがあった場合の判断など、審判をしていると迷うことは多々あります。しかし、審判をするようになって、また一つタグラグビーのおもしろさがわかってきたような気がしています。

5章
❹ 全国大会のルール

　以下に紹介するのは、(公財)日本ラグビーフットボール協会が定める競技規則としてのタグラグビーのルールです。全国大会はこのルールでおこなわれますが、それぞれの大会で必要と思われる工夫をしてくださって結構です。

タグ・ラグビーのグラウンドサイズは横30m×縦40m(ゴールラインからゴールライン)、インゴール(ゴールラインからデッドライン)は各5mずつとする。
1チームは競技グラウンド内にいる5名のプレーヤーと入替可能な2名以上5名以下のプレーヤーにより構成される。

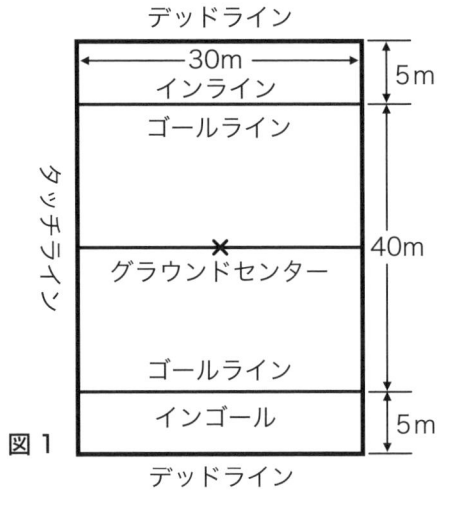

図1

【補足】
　小学校等の「教育現場」においては、コートの広さは横15～20m×30～35m、1チーム4人制で試合を行うことができる。導入時期によりプレーヤーの経験叉はスキル等を見極めて「広さ、人数」等の指導的アレンジは可能。

第1条
　試合開始時に双方のチーム代表プレーヤーがトスをし、勝った方が試合開始のフリーパス、またはサイドのどちらかを選ぶ。前半7分－ハーフタイム1分－後半7分とし、前半と後半でコートチェンジを行う。後半開始のフリーパスは前半のフリーパスでない方のチームが行う。

第2条
　フリーパスとはボールを持ったプレーヤーがその位置から動かずに、自分より後方のプレーヤーにパスをすることである。その時相手チームは必ず5m下がらなくてはならない。

【補足】
(1) 試合開始・得点後の再開・反則やタグ4回等による攻守の交替時のゲームの再開は、フリーパスによって行う。
(2) フリーパスは、必ず、レフリーの指示の後に行われ、クイック・スタートは認められない。レフリーは、守るチームのプレーヤーが5m以上下がっていることを確認した後に、フリーパスを行う指示を出す。
(3) ゲームの再開の場所が、ゴールラインから5m以内、または、インゴールとなる場合、その地点からタッチラインに平行したゴールラインから5mの地点でフリーパスを行う。

第3条
　試合開始はグラウンドセンターからのフリーパスにて行う。
　トライ後の再開はグラウンドセンターからトライをとられたチームのフリーパスにて行う。

第4条
　ボールを持ったプレーヤーは前後左右どの方向にも自由に動くことができる。

第5条
　守るチームのプレーヤーは相手チームのボールを持つプレーヤーのタグを取ることができる。

第6条
　タグを2本ともつけたプレーヤーだけがプレーに参加でき、またトライをすることができる。2本のタグをつけていないプレーヤーがボールを持った場合は反則とし、その地点から相手のフリーパスでゲームを再開する。トライ直前にタグをとられたプレーヤーがそのままインゴールに入ってトライしても、トライは認められない。ゴールラインから5m地点までもどって、フリーパスでゲームを再開する。

【補足】
(1) 『タグを2本ともつけた』とは、タグをからだの両サイド（タグをつける位置は、からだの真横）につけていることを意味する。
(2) からだの片側に2本つけている状態や1本しかついていない状態ではプレーに参加することはできない。このような（タグを正当につけていない）プレーヤーが

①ボールを保持しているチームの場合

　ボールをプレーした場合（ボールを持って走っている間にタグが落ちた場合を含む）は、それまでボールを保持していなかったチームのフリーパスでゲームを再開する。

②守るチームの場合

　タグを取った場合は、それまでボールを保持していた側のフリーパスでゲームを再開する。（タグの回数は"０回"に戻る）

(3) 相手からタグが見えやすいようにするため、上着がベルト位置より長い場合は、上着の上にタグベルトをつけるか、上着をパンツの中に入れるようにする。

第７条

　得点は、ボールを持っているプレーヤーが相手インゴールにボールを置くことによって得られる。ゴールラインはインゴールであり、タッチインゴールライン及びデッドラインはタッチである。トライは立ったままで行われなければならず、その際、両足はインゴール内に入っていなければならない。片足または両足がインゴールに入っていない状態でのトライは認められず、ゴールラインから５ｍ地点までもどって、それまでボールを保持していた側のフリーパスでゲームを再開する。

【補足】

(1) トライをするためには下記のことが条件となる。
- 両足がインゴール、または、ゴールライン上にある
- タグを２本ともつけている
- 不当に頭を下げた姿勢（飛び込むような姿勢）ではない

(2) インゴールに入った後（トライをするまでの間）にタグを取られた場合、トライは認められない。

(3) トライをするために地面に向かって飛び込む行為は禁止する。この反則があった場合は、ゴールラインから５ｍの地点でそれまでボールを保持していなかったチームのフリーパスでゲームを再開する。

(4) ボールを持ったプレーヤーがタグを取られた後にインゴールに入った場合やインゴールに入った後にタグを取られた場合、ゴールラインから５ｍ地点でそれまでボールを保持していたチームのフリーパスでゲームを再開する。（それまでのタグの回数は継続する）

(5) 両足がきちんとインゴールにない状態でトライの動作をしてしまった場合、反則ではなく、ボールがプレーできなくなったものとして、

ゴールラインから 5m 地点でそれまでボールを保持していたチームのフリーパス（タグの回数は継続）でゲームを再開する。

第8条

タグを取ったプレーヤーは、タグを相手に手渡しで返すまでプレーすることはできない。また、タグを取られたプレーヤーは取られたタグを返してもらい腰に付けるまでプレーすることができない。

図2　タグを返す

第9条

ボールを持ったプレーヤーは、タグを取られないように手で押さえたり、体を一回転以上させたりすることはできない。

【補足】

からだを一回転以上回転（くるくる回る）させてタグを取られないようにすることは禁止する。

第10条

タグを取られたらただちに前進をやめ、ボールを離さなくてはならない。めやすは3歩以内だが、すぐに前進をやめられたのに故意に前進を続けたとレフリーが判断した場合は、たとえそれが3歩以内であったとしても反則とする。

タグを取られる　　パスをする

3歩以内

図3　タグを取られたら3歩以内にパス

【補足】
(1) この反則の名称をオーバーステップとする。
(2) 『3歩以内』というのは、『3歩進む権利がある』という意味ではなく、「走っていて止まるのに3歩程度必要」という考え方の上のものであり、故意に進もうとするプレーヤーに対しては反則を適用する。

(3) タグを取られて『3歩以内』に下記のいずれかが起きた場合は、その地点からそれまでボールを保持していなかったチームのフリーパスでゲームを再開する。
①タッチラインに触れる、または、タッチの外に出る
②タッチインゴールラインかデッドラインに触れる、または、それらの外に出る
③ボールを前に落とす、または、前に投げる
④その他の反則をするタグを取られる

第11条
試合中、相手プレーヤーと体がぶつかるプレーをすることはできない。具体的には、タグを取りに来た手を払うこと、手で相手を突くこと、相手を捕まえること、体当たりすることなどであり、手を広げてのディフェンスも禁止とする。また、タグを取りにいく際に、自分からは遠い側のタグを故意に取りに行くことにより、相手プレーヤーの前進を妨害し接触を誘発するタグの取り方も禁止する。

図4 タグを取りにきたプレーヤーの手を払いのける

図5 遠い方のタグを取りにいく

図6 手を広げてディフェンスをする

【補足】
(1) ボールを保持しているチームのプレーヤーが、守るチームのプレーヤーがいるところに当たりに行くことをオフェンス・チャージと呼び、守るチームがボールを持ったプレーヤーの進路を故意にふさぎに行くことをディフェンス・チャージと呼ぶ。おのおの故意に当たりに行くことは危険なプレーとして反則を適用する。
(2) ボールを持ったプレーヤーのからだの遠い側のタグを取りに行く、また、両サイドのタグを同時に取りに行く事は、ボールを持ったプレーヤーに対する前進の妨害として反則を適用する。
(3) これらの反則が起きた場合、反則を起こさなかったチームのフリーパスでゲームを再開する。

第12条
一切のキックは禁止し、地面に転がったボールもかがむなどして立ったまま手で拾わなくてはならない。

第13条
ボールは自分より前に投げることはできないが、真横へ投げることはできる。自分より前に投げた場合はスローフォワードとし、パスを受け損なって前に落とした場合も前に投げたとみなしノックオンとする。スローフォワードやノックオンが起こっても、そのボールを相手が拾うなどした場合は、アドバンテージを適用して反則をとらないこともある。

【補足】
アドバンテージはスローフォワードやノックオン以外の反則に対しても適用される。

第14条
タグを取られたプレーヤーの地点を基準として、守るチームはその地点より相手側でプレーすることはできない。

【補足】
(1) この地点は、タグを取られた地点ではなく、第10条で述べた『3歩以内』のボールを離す位置となる。
(2) ボールを持ったプレーヤーがタグを取られても、それまでにタグを取られた回数が4回未満の場合はただちにパスをすることによりプレーをすることができるが、その場合、守るチームのプレーヤーは、タグを取られたプレーヤーの地点を基準にゴールラインに並行した

線より下がらなくてはならない。下がらない場合はオフサイドとなる。ただし、プレーがただちに行われたため、基準となる地点より下がりきれないプレーヤーは、一旦、基準となる地点に下がるまでプレーに参加しなければ（またはプレーの邪魔にならなければ）、レフリーはアドバンテージを適用して反則を取らないこともある。

(3) 図7・8のどちらの場合も「オフサイド」となり、「基準となる地点」からそれまでボールを保持していた側のフリーパスでゲームを再開する。（タグの回数は「0」に戻る。）

- 白い破線が『基準となる地点』に平行する線
- 真ん中のプレーヤー（相手側）が、パスの前に線を越え、パスをすることを妨げている、または、インターセプトをしようとしている

図7

- 白い破線が『基準となる地点』に平行する線
- 左のプレーヤー（相手側）が、一度、線の後ろに下がらずにパスを受けたプレーヤーのタグを取りに行っている

図8

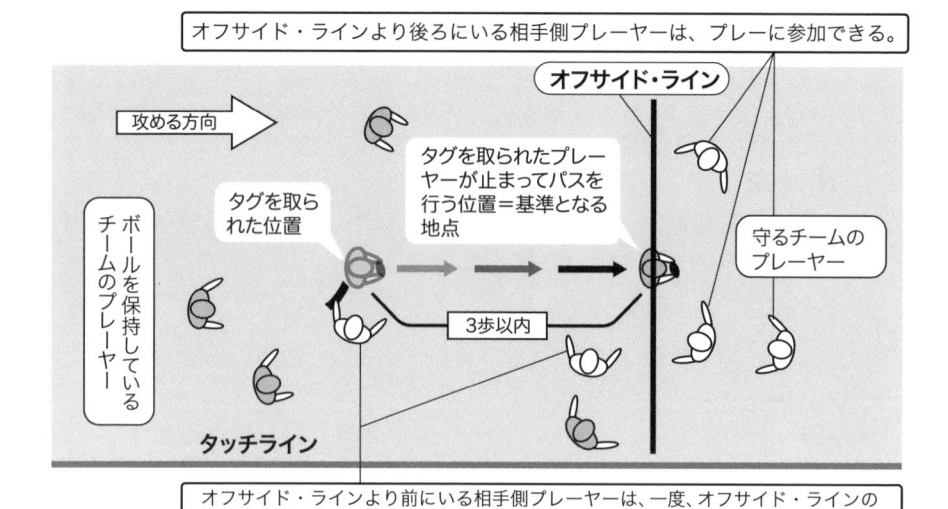

オフサイド・ラインより後ろにいる相手側プレーヤーは、プレーに参加できる。

オフサイド・ラインより前にいる相手側プレーヤーは、一度、オフサイド・ラインの後ろにさがらないとプレーに参加すること（タグを取りにいくこと）ができない。
→「オフサイド」の反則となる。

図9　タグを取られた後の再開の地点（基準となる地点）

第 15 条

フリーパスから最初のパスをもらうプレーヤーはパスする選手から２ｍ以内にいなくてはならない。走りながらパスをもらう場合はそのスタートする地点から２ｍ以内とする。

第 16 条

上記第 8 条〜第 15 条の禁止事項は反則となり、その地点から相手ボールのフリーパスとなるが、反則をしたチーム側のゴールラインから５ｍ以内の反則の場合は５ｍ地点でのフリーパスとなる。

第 17 条

タグを4回取られると最後にタグを取られた地点から相手ボールのフリーパスとなる。

第 18 条

タッチライン上はグラウンドの外でありそれはインゴールにおいても同様である。ボールを持ったプレーヤーがタッチラインを踏んだ場合やタッチラインから出た場合、またボールがタッチラインに触れた場合やタッチラインから出た場合はその地点のタッチラインの外から、その時点でボールを持っていたチームの相手チーム、もしくは最後にボールに触れたチームの相手チームのフリーパスとなる。タッチラインの外からのフリーパスはタッチライン上の地点より直角もしくは後方へのパスとする。ゴールラインから５ｍ以内でタッチラインから出た場合は、次のフリーパスはゴールラインから５ｍのタッチライン上から行う。

【補足】

ボールが地面に転がるなどして、ボールがタッチになる前にどちらのチームのプレーヤーが最後にボールに触れたか疑わしい場合は、『攻撃側』のフリーパスでゲームを再開する。この場合、どちらのチームがフリーパスを行う場合でも、タグの回数は"０回"になる。

攻撃側＝その地点が自陣側にあるチームの相手側チーム（地域的に進んでいる側のチーム）

コラム

タグラグビー研究室へようこそ

7 女の子だって負けないぞ

　小学校の体育授業は男女で学ぶことが一般的ですから、ボールゲームの授業でも男の子と女の子が一緒になってチームをつくり、プレーすることが多いと思います。しかし、男の子たちは遊びの中でサッカーや野球に親しむ機会があることと比べると、女の子たちはそういったボールゲームを遊びの中でおこなうことは少ないため、どうしてもこれらのボールゲームでは男女差が顕在化してしまうことになります。

　タグラグビーは多くの子どもにとって初めておこなう運動ですから、そういった男女差が顕在化しにくいという面があるのですが、単に男女差が生まれにくいというだけでなく、授業を観察していると女子が意外な活躍をすることに気がつくことがあります。下の表はある小学校5年生のチームを観察し、それぞれの子どもが2日間の授業中におこなわれた3回のゲーム中にとったトライの数とタグの数を記録したものです。

○月 16 日

	トライ	タグ
Jくん	8	7
Cくん	3	7
Kくん	6	2
Yくん	2	6
Sさん	1	17
Mさん	3	8

○月 17 日

	トライ	タグ
Jくん	8	10
Cくん	1	7
Kくん	4	5
Yくん	5	3
Sさん	1	12
Mさん	4	10

表6　ゲーム中のトライ数とタグの回数

ここで注目したいのは、女子のSさんです。Sさんはどちらの日も1トライずつと、攻めではそれほどの活躍は見られなかったのですが、守りとなると素晴らしい動きを見せてくれ、その活躍ぶりはこの記録にもはっきりとあらわれています。彼女がゲーム中にとったタグの数はチームの誰よりも抜きん出て多いものだからです。

　こういった女子の授業についての感想を読むと、これまでのボールゲームではどのように守ったらよいかわかりにくかったり、守っているつもりでも自分が守りで役立っているのかがわかりにくかったのですが、タグラグビーでは、ボールを持って走っている相手を追いかけていって腰にぶらさがっているタグをとる、という守りの方法が簡単でわかりやすく、また実際にタグをとれると目の前で相手の前進が止まるので、自分自身のプレーがチームに貢献できている実感を得やすいため、やる気が高まっていることがわかりました。

　また、守りの場面だけでなく、タグラグビーでは攻めにおいてもあまり走るのが速くはない女の子が、密集の中をスルスルと走り抜けてトライに成功する姿もしばしば見られます。注意して観察すると、走るのが速い子のタグは、スピードがあるがゆえ風になびいてとりやすくなるのですが、あまり速く走らない、とくに女の子のタグは風になびかないのでかえってとりにくいことが、この活躍を生んでいることもわかってきました。

　こういった女子の意外な活躍とその原因は、タグラグビーの研究を本格的に始めてから全国でたくさんの授業を観察していく中で気づかされた、タグラグビーのとても興味深い一面です。

あとがき

　まず最初に、出版事情の厳しい昨今の状況にもかかわらず、タグラグビーが有する豊かな可能性をよくご理解くださり出版の機会を与えてくださった小学館の皆様に深く感謝申し上げます。とくに編集局の彦坂淳氏には改めて感謝したいと思います。氏からの的確なアドバイスと励ましがなければ、到底この本の完成はなかったはずだからです。

　また、日本ラグビーフットボール協会には、本書の出版に当たって多大なるご支援をいただきました。心より感謝申し上げます。この本には、ラグビー協会の普及育成委員会の皆さんをはじめ、協会のスタッフの方々とともに取り組んできたこの6年間のタグラグビーについての指導実践から得られた知見が数多く詰め込まれています。一人一人のお名前を挙げることはもはや叶わないのですが、本当にありがとうございました。

　中学校1年生の冬にラグビーを始めてから、早いものでもうすぐ35年になります。選手としての生活はもう遠い昔に終えたわけですが、このタグラグビーの研究をきっかけにして、再びラグビーの世界に深く関わることができました。

　中学高校時代にラグビーの素晴らしさを折りにふれ伝えてくださった故青井達也氏、大学時代にラグビーの知的な挑戦に導いてくださった日比野弘先生、そして英国留学時代に各地の学校を訪問する機会をつくってくださったケン・ハードマン教授もラグビーの名プレーヤー

でした。このほかにも数えきれないほど多くのラグビーを愛する諸先輩方のご指導によって、私とラグビーフットボールという文化との関わりは、今日までとても豊かなものとして続いてきました。

　こういった方々に直接ご恩をお返しすることはできないかもしれませんが、いま私が取り組んでいる、ラグビーの魅力がいっぱい詰まったタグラグビーという運動種目を子どもたちに紹介する活動を通して、私を育ててくださったラグビーの世界へ少しでも恩返しができればと思っています。

　そしてこの取り組みをラグビーの世界の中だけに止めてしまわずに、運動が苦手な子も含め、みんなが活躍できてみんなが楽しめる体育授業をつくるという視点から構築することへと導いてくださったのは、学部と大学院時代に学校教育における人間と運動との関係について繰り返し考える機会を与えてくださった永島惇正先生のご指導のお蔭です。記して感謝申し上げます。

　こういった皆様への感謝の気持ちをいつまでも忘れずに、これからも日本中の子どもたちのためにタグラグビーの研究、そして体育授業の研究を続けていくことを誓って、あとがきにかえたいと思います。

2009年9月

編者　鈴木秀人

付録

図書室 ～さらにタグラグビーを理解するために～

　タグラグビーの魅力、ルール、練習方法や授業での活用方法など、ここまで十分に紹介してまいりましたが、さらにタグラグビーを理解して、楽しくプレーするために参考となる文献や資料をまとめました。

1 書籍

- 後藤一彦　編 (2005)『みんなが主役フラッグフットボール・タグラグビー』
  東洋館出版社
- 鈴木秀人・日本ラグビーフットボール協会普及育成委員会 (2007)
  『みんなでトライ！　タグ・ラグビーを教える指導者のためのガイドブック』
  (財)日本ラグビーフットボール協会
- 鈴木秀人　監修・高村忠範 (2005)『タグ・ラグビーをはじめよう』汐文社
- 高山由一 (2004)『心と体をはぐくむタグ・ラグビー』東洋館出版社

2 論文

- 佐藤善人・鈴木秀人・藤田勉 (2007)『小学校の体育学習におけるタグ・ラグビーに関する一考察～バスケットボール型ゲームとの比較検討～』
  東京体育学研究, 第33巻, p.7-11
- 佐藤善人・鈴木秀人 (2008)『小学校体育におけるタグ・ラグビーに関する一考察～ポートボールとの個人技術をめぐる「やさしさ」の比較を中心に～』
  体育科教育学研究, 第24巻2号, p.1-11
- 佐藤善人・鈴木秀人 (2008)『小学校の体育授業におけるタグ・ラグビーに関する研究　～スローフォワードルールに焦点をあてて～』
  スポーツ教育学研究, 第28巻1号, p.1-11
- 佐藤善人 (2008)『小学校の体育学習におけるタグ・ラグビーに関する研究～教師と児童の間に見られる意識の「ズレ」に注目して～』
  東京学芸大学大学院教育学研究科修士論文. p.112
- 鈴木秀人 (2012)『派生的ボールゲームとしての「タグラグビー」に関する一考察』
  体育科教育学研究, 第28巻2号, p.1-14
- 高山由一 (2003)『チームスポーツが仲間意識に与える影響～小学校におけるタグ・ラグビーを通して～』東京学芸大学大学院教育学研究科修士論文. p.74
- 辰馬洋輔 (2017)『小学校体育における派生的ボールゲームの種目間比較～実施率と走行関連項目に着目して～』国際武道大学大学院武道・スポーツ研究科修士論文. p.54

3 実践報告等

- 紺野健 (1997)『作戦・戦術を考え競うタグラグビー』
  体育科教育, 第 45 巻 3 号, p.46-48
- 黒川正紀 (1999)『タグビーボール ～ラグビー型教材の定着をめざして～』
  学校体育, 第 52 巻 5 号, p.24-27
- 樺山洋一・鈴木秀人・武隈晃 (1999)『「ボールゲーム」をめぐるカリキュラムの発展を目指して ～小学校におけるラグビー型ゲーム学習の可能性をさぐる～』
  学校体育, 第 52 巻 11 号, p.52-58
- 岩田知郎 (2000)『タグ・ラグビーをやってみました ～授業材料の仕入れから実践まで』
  学校体育, 第 53 巻 10 号, p.1-3
- 吉國幸宏 (2001)『一人ひとりの持ち味を出すタグ・ラグビー』
  学校体育, 第 54 巻 5 号, p.42-47
- 武田美代子 (2001)『小学校 4 年生のソフトバレーボールとタグ・ラグビー』
  学校体育, 第 54 巻 7 号, p.18-20
- 鈴木秀人 (2012)『タグラグビーとフラッグフットボールの特性を考える』体育科教育, 59 巻 3 号, p.10-14
- 鈴木秀人 (2005)『サントリーカップ第 1 回全国小学生タグラグビー選手権大会報告』
  体育科教育, 第 53 巻 5 号, p.70
- 佐藤善人 (2008)『Enjoy タグ・ラグビー！ ～ボールを抱えて, 自由に走ろう～』
  全国体育学習研究会編,「楽しい体育」の豊かな可能性を拓く, 明和出版, p.178-182
- 大庭紀之 (2009)『タグ・ラグビーの実践例』
  鈴木秀人ほか編, 小学校の体育授業づくり入門, 学文社, p.260-265

4 その他

- 鈴木秀人・日本ラグビーフットボール協会普及育成委員会 (2004)『みんなでトライ！タグ・ラグビーを教える指導者のためのＤＶＤ』(財) 日本ラグビーフットボール協会
- 『運動嫌いだった子が変わる？タグラグビー』テレビ朝日, 2003 年 11 月 12 日放映
- 『キッズニュース タグラグビー』テレビ朝日, 2004 年 12 月 4 日放映
- 『タグラグビーの効果とは？』ＮＨＫ, 2009 年 7 月 31 日放映

また、本文中、以下の文献等を引用・参考にいたしました。

第 1 章
- 杉原隆ほか (2004) 幼児の運動能力発達の年次推移と運動能力発達に関与する環境要因の構造的分析, 平成 14 ～ 15 年度文部科学省科学研究費補助金 (基盤研究) 研究成果報告書, p.15-22

第 2 章
- 武隈晃 (1998)「ボールゲーム」における分類論の成熟へ向けて, 体育科教育, 46 巻 17 号, p.31-33 ● 鈴木秀人 (2004) よい授業づくりに不可欠なこと, 体育科教育, 52 巻 4 号, p.18-21

第 5 章
- グルーペ, O, 永島惇正ほか訳 (1997) 文化としてのスポーツ, ベースボールマガジン社, p.84

【監修】
公益財団法人日本ラグビーフットボール協会 普及競技力向上委員会

【編著】
鈴木 秀人

【執筆】
佐藤 善人

松元 優彦
樺山 洋一
志賀 克哉
大庭 紀之
三原 一樹
笠松 具晃
森 健
斎藤 拓也

鈴木 秀人（すずき・ひでと）
1961年東京都生まれ。東京学芸大学大学院教育学研究科修了。現在、東京学芸大学教育学部（健康・スポーツ科学講座）教授。（公財）日本ラグビーフットボール協会普及競技力向上委員。

公式BOOK
だれでもできるタグラグビー

2009年10月25日	初版第一刷発行
2021年 3月31日	第四刷発行

著 者　鈴木 秀人
発行人　金川 浩
発行所　株式会社 小学館
　　　　〒101-8001　東京都千代田区一ツ橋2-3-1
　　　　電話　編集　03-3230-5170
　　　　　　　販売　03-5281-3555
印刷所　三晃印刷株式会社
製本所　株式会社若林製本工場

© HIDETO SUZUKI 2009 Printed in Japan
ISBN 978-4-09-840115-4 Shogakukan,Inc.

造本にはじゅうぶん注意しておりますが、印刷、製本など製造上の不備がございましたら、「制作局コールセンター」（フリーダイヤル 0120-336-340）にご連絡ください。
（電話受付は土・日・祝休日を除く 9:30～17:30 です）

本書の無断での複写（コピー）、上演、放送等の二次利用、翻案等は、著作権法上の例外を除き禁じられています。
本書の電子データ化などの無断複製は著作権法上の例外を除き禁じられています。代行業者等の第三者による本書の電子的複製も認められておりません。